Rethinking

Reconstructing

Reproducing

*

“精神译丛”

在汉语的国土

展望世界

致力于

当代精神生活的

反思、重建与再生产

---

*

Le Maître ignorant

Cinq leçons sur l'émancipation intellectuelle

Jacques Rancière

精神译丛 · 徐晔 陈越 主编

[法] 雅克 · 朗西埃 著　赵子龙 译

无知的教师：
智力解放五讲

西北大学出版社

雅克·朗西埃

Photographed by Moe Cheng

目　录

中文版序

雅克·朗西埃

这本《无知的教师》在法国出版三十几年来，我每见它又有一种新的译本出现，总有特别的感情。我也不免会遇上中国读者拿起这本书时会有的疑问：今天对他而言，一个19世纪初的法国离奇教育家的故事、这个在本国旋即被人遗忘者的故事，还有什么意义？

而答案或许就在这个问题当中。如果说这本《无知的教师》在20世纪80年代的法国出版时反响平平，但今天却存在于众多的语种里，从阿拉伯语、韩语、瑞典语直到亚美尼亚语，这就是因为，它的现实性不在于某种教人学习语言的教育方法。它的现实性，就在于它的离奇：它间离于各种良性的教育方法，也间离于我们对各种社会的秩序与演进的思考方式本身。雅科托不属于那些教育改革家，不像他们留下著作供后人去分清可用的方法和乌托邦设想。他远为激进地对教育秩序和社会秩序的互相关联重新提出质疑。

他这样做，是因为他生活在现代社会构建过程中的一个转折点。1789 年法国大革命的风波后,当时的欧洲提出一种政治和社会构想,它可以总结为:完结革命,而"完结"[①]有着两重意义:终结革命所引起的反复动荡和种种热望,转变各种机构和人们的心态,以这必要的转变来扼制革命的暴力;走出平等的狂热追求与革命乱局的年代,为各种社会和政府构建一种现代秩序,以此沟通两者:进步——让社会不陷入停滞,与秩序——让社会摆脱不断的危机。而要沟通秩序和进步,人们自然发现,其模式就在一种象征两者结合的机构中:教育机构。在这个实质性与象征性的场所,权威的行使与子民的服从在原则上的目的,只是促使这些子民在进步中达到他们能力的极限:让多数人学会课程内容,让优秀者习得能力转而成为教师。

19 世纪的欧洲精英人士所追求的正是这种现代秩序:它建立于有知者对无知者的权威,并且争取**力所能及**但**适可而止**地削减两个群体的差距。19 世纪 30 年代,法国这个最彻底地经历了大革命的国家,也由此认为自身尤其需要构建一种合理的现代秩序以完结这场革命,其核心主题于是成了教育[②]:由受教育者负责培训精英、治理社会,同时开展某些教育形式,向民众提供必备且足够的各种知识,让他们以自身的步调去弥补差距,以免他们无法缓和地融入这种基于科学指导与良性政府的社会秩序。教师要依照一个适应粗粝智力的水平而循序渐进的进步过程,将自身掌握的各种知识传递到那些无知者的头脑中。对于当时的精英们

---

① 完结(achever),在法语中意为"完成"或是"终止"某事物。——译注

② 法国公共教育部(ministère de l'instruction publique)于 1828 年正式成立,后转为现今的法国教育部(全称为法国国民教育与青少年部)。——译注

来说,教师既是基于哲理的范式,也是符合实际的中介,可以将民众带入现代的社会和治理秩序。民众教育是两种人的主题词:追求秩序者想让民众受过教育有所敬重;追求进步者想将知识作为巩固自身权威的利器。正是在这个节点上,雅科托对他的时代以及我们的时代发出了他彻底不同的声音。

他提醒人们的是:学校和社会声称要逐步缩减的差距,实际上是它们自身赖以生存并不断延续的差距。谁若从不平等的状况出发,将平等作为**目的**,就只能将平等无限推迟。教师告诉学生,如果听懂了他的讲解,某一天就能在知识上与他平等。但这种讲解,作为缩减无知者与知识的间距的经验主义手段,其作用完全相反:它是象征性的社会装置,不断地再造着学生的无知,而且,它不仅形成了对教师的依赖,更建立了对各智力不平等的深信。无知者每次发现的都是一道鸿沟,它隔开了通过讲解才能求知的人、掌握着讲解这门学问的人。同时他也忘记了,他听懂讲解的前提是他懂得教师的语言;而且他学会这门语言、他的母语,并没有靠教师讲解人,只是通过去听、去猜、去复述周围人的口中说出的各种话;而且知识不会从一个人脑中来到另一个人脑中:教师首先是一个讲话的人,而学生首先需要去翻译这些话并作为己用。平等不是必须期待的东西,不是需要等待的结果。它总是已经存在着,即使人们不愿正视它。如果没有平等,甚至不平等也无法讲出自己的道理。一个低等者如果服从某个指令,必须先要懂得派来的指令,还要懂得自己必须服从它。在某种意义上,他必须平等于自己的主人才能去服从他。这种含义,就包含在雅科托的惊人公式中:所有智力皆为平等。这不是说各个头脑的各种成品都有同等的价值,而是说智力在其各种展现中都是同样的。这不是确证某项积极的真理让人们相信,而是提出一种假设让人们去努力检验,提出一条准则来指导智力的使用。我们在思考、言说和行动时必须假定所有人共有同一种能力。

平等不是目的,它是一个起点。这就是约瑟夫·雅科托所宣告的空前未有的革命。我们不能从不平等到达平等。我们只能从这一端或那一端出发,根据这个起点形成逻辑。从不平等出发的这种做法,出自各种社会的通常秩序,也出自那些进步论者和革命者。他们期待让一批受教育的先锋力量运用社会科学,在此基础上建立一个自由与平等的世界。但另一条路还有待尝试,它的出发点是平等,是每个人都能行使检验的同等能力,而这只要他承认并有意运用这项能力。但这种意志不是自然成立的。这其中原因不仅是它被各种社会机构的规制所束缚,而且在过去和未来,它都易于顺从有知者的权威,之后最多是反过来蔑视那些人的知识。社会通常的运行状况不过如此,它让支配者和受支配者交换歧视。为了打破歧视的循环,我们就需要这种独特的行动,它就是雅科托所说的智力解放:下决心去出发,去行使自身的知性能力,并在行使中坚持它是属于所有人的能力;下决心去让自身举止如同平等世界的居民;让男女众人努力穿过各种事物和符号组成的森林,作出自身的知性历险,让自己被他人看作并也将他人看作恒久劳作的探究者和艺术家,而非那种只学会了指挥与服从、逢迎与歧视的存在。这种检验劳动从不能保证产生结果,但它创建的是那仅有的值得我们投身其中的共同体形式。

所以,智力解放的理念显然不止某种教育方法。它之所以涉及教学活动，是因为通常的教学关系典型地体现出不平等的逻辑。但是，智力不平等的社会机构绝不限于学校范围内。它呈现在各种社会关系的表层，它无论在哪里，都会让言说交流在形式上划分角色，将人分为下令者和服从者，并且也分为指导者和跟随者、劝诱者和共识者、告知者和获知者、世界状况的讲解者和这套讲解的接受者。也正因此，它绝不限于昔日欧洲关于智力的一桩奇谈，而直接关系到我们的现状。我们的世界多少次失败于那些精英有知者应用社会科学以求平等之结果的尝试，现在分化在两种逻辑下：一种是强硬的不平等逻辑，它来自国家、资本或军阀，带有种族、宗教或其他因素；一种是缓和的不平等逻辑，它用一所大型学校的模式来理解世界。在这涵盖全球的学校里，人们分出那些优秀学生——某些个人或国家——因为他们内化了利益竞争的各种法则，也分出那些落后学生，因为他们无法摆脱那些“跟不上时代”的社会形式和那些“落后于时代”的理念①。各种政府转变成教师讲解人，讲解着一套世界通行的逻辑，将此作为无可更动的科学必然性。各种媒体在宣告任何事件时都为它附加讲解，只为更好地演示出各种公共事务已经多么的复杂，只能靠有知者来主导。各种学校系统的不断改革，都是为了证明教育机构和社会经济机构之间那奇迹般的协调性还持续存在着，于是对那些在这协调中经历种种挫折的人，也更让他们知道他们失败的责任全在自身。但正是在这

---

①“跟不上时代”(dépassé)的社会形式和“落后于时代”(arriéré)的理念，是著者借用法国媒体对罢工运动和左派理念常用的负面用语以作反讽。——译注

不平等看似已到处盛行的世界形势下,解放的理念又找回了它矛盾的现实性:这种现实性甚至就来自它的非现实性:它间离于各种支配形式所指定的存在方式与思考方式;它的实验性特点总是待人再去创新。

J. Rancière

2019 年 11 月 30 日于巴黎

第一章

一场知性历险

Une aventure intellectuelle

1818 年，鲁汶大学的法国文学外教，约瑟夫·雅科托，经历了 7 一场知性的历险。①

然而，他长久以来经历几多事业波折，本有可能错过后来的惊奇发现。1789 年，他度过 19 岁生日，便在法国第戎教授修辞学，准备去做律师。1792 年，他参加共和国军队，曾任炮手。随后在国民议会执政期间，他先后担任过火药司教官、军事部部长秘书、巴黎综合理工学院代理院长。他返回第戎后，曾教授过数学分析、观念学②、古文、理论数学与超越数学、法学。1815 年 3 月，他难以谢绝当地人拥戴，出任议员。而波旁复辟后，他被迫流亡国外，受荷兰国王庇护，得到一份半薪的教职。雅科托清楚作客 8

---

① 约瑟夫·雅科托（Joseph Jacotot, 1770—1840），即本书中心人物。鲁汶大学（Université de Louvain），其历史远溯至中世纪，于 1817 年由荷兰国王威廉一世改制为国立鲁汶大学，后在比利时独立后改属其领地，于 1835 年改称天主教鲁汶大学。1970 年，学校正式拆分为两部，迁出校部称为法语天主教鲁汶大学，原址校部现称荷兰语天主教鲁汶大学。知性的历险（aventure intellectuelle），或“智力的历险”，本书中将形容词“智力的”（intellectuel）也译作“知性的”。译文页边码据《无知的教师》法亚尔出版社（Fayard）1987 年版，亦同 2004 年原版重制的现行小开本。——译注

② 观念学（idéologie），源于 18 世纪末法国大革命后的思潮，以各种观念为研究对象，旨在以此重建社会的基础。这个词后被马克思借用，转为现今所称的“意识形态”。——译注

的待遇，打算去鲁汶度过一段安宁的日子。

但他的运程却有别样的安排。这位谦逊外教的课程，很快就受到了学生们的欣赏。然而，来听讲的学生大部分不懂法语，而雅科托则完全不懂荷兰语。因此他找不到一种语言，教给学生们想学的内容。但他还是想满足他们的愿望。为此，他需要用共通的某“物”①，在自己和学生们之间建立最基本的联系。与此同时，一本双语版的《帖雷马科历险记》②正好在布鲁塞尔出版了。于是他找到了共通之物，而帖雷马科就这样进入了他的生活。雅科托先让一名翻译把这本书发给学生们，让他们借助翻译学读法文。等到他们学完第一章的一半，他就让他们不断地复述所学的内容，并让他们一直阅读其余部分，直到能讲出来。这虽是权宜之计，但若对那些广受爱戴的 18 世纪启蒙思想家而言，也是一种小规模的哲学实验。而雅科托，虽在 1818 年授课，却是个不折不

---

① “物”(chose)，也指“实物”或“实例”。——译注

② 指费奈隆(1651—1715)所著《帖雷马科历险记》(下简称《帖雷马科》)，这部小说初版于 1699 年，以古代神话为题材，讲述了尤利西斯之子帖雷马科在智慧女神弥涅耳瓦匿名陪同下在历险中收获教益的故事，曾在 18、19 世纪的法国产生广泛影响。“尤利西斯”与“帖雷马科”是希腊神话中的人物，本书译法从其法语人名(Ulysse, Télémaque)的拉丁音，而若从希腊音译应分别作“奥德修斯”(Odysseus)与“忒勒玛科斯”(Têlémakhos)。另外，这样一本古代神话故事用作教材在当时并不会显得过于古旧，因为在现代化还未产生全面影响的 19 世纪，法国的学校仍然重视古典教育，将古代神话与希腊语、拉丁语一并列为正式科目。本书现行版见：费奈隆：《帖雷马科历险记》(Fénelon, *Les Aventures de Télémaque*)，巴黎：伽利玛出版社(Gallimard)，1995 年。——译注

扣的18世纪遗民。

然而,实验结果远超他的期待。他让经过如此预习的学生,用法语写出对所有已读内容有什么感想。“他本以为会看到通篇的严重语病,或完全的无能为力。但是,这些年轻人,没有接受过任何讲解,如何竟能理解和解决一门新语言的各种难点？无论如何,他想知道,这条充满偶然的道路曾把他们带到哪里,他孤注一掷的经验主义方案产生了什么结果。他该是多么惊奇地发现,这些学生,只凭他们自己,竟然克服了对大多数法国人也不轻松的困难。人的力量(pouvoir)竟然只取决于意愿？难道所有人其实都能理解他人所做、他人所知？”① 　9

这场偶然的实验,就这样给他的心智带来了革命。之前,雅科托曾像每个开明的教员那样认为:教师的主要任务,就是将他的知识逐步传授给他的学生们,将他们领入他所做的学问②。他也知道,不能对学生们灌输知识,不能让他们只是鹦鹉学舌地复述,并且要避免让他们走向各条偶然的路,在那里迷失,因为这些心智还分不出本质和附属、前因和后果。总之,教师的根本做法,本该是**讲解**(expliquer),是从多种知识中提取出各种简单元素,以它们简明的原理,去配合那些事实上还很简单的年轻而无知的心智。所谓教学,本该是在同一种活动中传授知识和塑造心智,让 　10

① 菲利克斯与维克多·拉捷:《普遍教育法:智力解放》(Félix et Victor Ratier, « Enseignement universel. Émancipation intellectuelle »),《全一哲学月刊》(*Journal de philosophie panécastique*),第五辑,1838年,155页。

② 学问(science),也即“科学”,考虑本书常用这个词与“无知”(ignorance)形成对照,并不强调严格的科学含义,故多译作“学问”。——译注

其经历从最简单到最复杂的一个有序进程。这样，学生就可以在知识上合理渐进，形成判断与品味，将自身提升到他的社会职责所要求的高度，准备好将其所学运用到这职责中：作为富有学识的精英，去从事教育、辩护、治理；作为新时代的先锋、从这时起可以出身平民家庭的才干，去研发、设计、制造工具和机械；作为秉持某类个别天才的心智，去相应的学问里作出新的发现。当然，这些学问探究者的发展路径明显不同于那些教育者所坚持的合理化教学程序，但这也不代表他们那套程序有任何问题。反过来说，他们认为需要先有一种可靠并且有序的教学，才能擢升各种独特的才能。先有因，后有果。①

11 每个认真负责的教员都有这种推理。雅科托在 30 年来的职业生涯中，也一直是这样去想并去做的。但我们看到，那颗沙粒偶然而来，掺进并搅乱了这套机制。② 他根本没有向他的“学生们”讲解一门语言最初级的基础，并没有向他们讲解拼写规则和动词变位。学生们只靠自己，去探索法语的哪些词对应他们认识的词，去弄懂各种词尾变化。他们只靠自己，学会了组合这些词汇，拼成法语的句子。他们读书越是进展，这些句子的拼写和语法都越加准确；而最重要的是，这些句子竟像出自作家而非初学者。所以教师的讲解本来就是多余的？或者，如果那些讲解不是多余的，又起到了什么作用？

---

① 原文为拉丁语：“*Post hoc, ergo propter hoc*”，指一种只根据事物发生先后而确定因果的表面化的谬误推理。——译注

② 这里的说法借用了法语俗语“机器中的沙粒”（le grain de sable dans la machine），指某种微小因素扰乱了整个局面。——译注

讲解中的秩序

雅科托的心智中,突然有一种启示,指向任何教育系统都有的这道盲目信条:我们必须要讲解。不过,认准这道信条又有何坏处?人只有产生理解,才能得到认识。而人产生理解,就需要有人给他作过一遍讲解,需要有教师的话打破所教**材料**(matière)的沉默。 12

但这套逻辑经不起过多追问。举例来说,一个学生取书来读。这本书包含一整套推理(raisonnement),以便学生理解某件材料。而现在教师开始讲课,来讲解这本书。他作出一整套推理,来讲解书中所含的那套推理。但书为什么需要这种辅助?与其付学费请来讲解人,学生家的父亲为什么不能只管把书交给子女,让孩子直接去理解书中的推理?孩子如果不能理解,又怎会更能理解这不懂的内容所需讲解中的推理?讲解中的那些推理,难道性质就有不同?面对这种情况,是不是又要去讲解,怎样才能理解那些推理?

因此,讲解的逻辑中,有一条无限倒推的原理:原因的倍增永远没有原因止步。而倒推得以止步、系统得以奠基,仅是因为讲解人只管断定讲解本身是否得到了讲解。他只管断定这个本身已很困扰的问题:学生是不是理解了用来教他理解书中推理的那些推理?正是凭借这一点,教师才能取代学生家的父亲:这位父亲凭什么能够保证孩子理解了书中推理?父亲所缺的、他与 13

孩子和书三者间永远所缺的，正是讲解人的这门独特技艺：制造**距离**的技艺。教师的秘诀，就在于他知道如何在所教的材料和学生之间找到距离，而这也是**学习**和**理解**之间的距离。讲解人所做，就是制造和消除距离，就是在自己的言说中展开和收回距离。

言说所得的特权地位，虽然终止了无限的倒推，却构成了一种矛盾性的层级（hiérarchie）。实际上在讲解秩序中，教师一般需要去口头讲解那书面的讲解。这基于一层假设，即如果要让推理更清晰、更能为学生心智所牢记，就要让教师的言说来传达它们，让这种言说得到即时的消化，因为在书中，这些推理永远凝结在恒定不变的字符中。这种言说优先于文字、听优先于读的矛盾性特权，究竟意味着什么？而言说的权力与教师的权力之间又有何关联？

14

这个矛盾却难以面对另一个矛盾：有一类言说，孩子对它学得最好、最能透悉它的意思、最能纳为己用，而孩子学会它，并不需要教师讲解人，也早在任何教师讲解人出现之前。在收效不等的各类知性学习中，人类儿童学得最好的，正是没有任何教师可以讲解的，这就是母语。人们对孩子讲话，在他周围讲话。他去听和记，去模仿和复述，去犯错和纠正，从偶然中得到收获，用这个方法再次开始，而且他尽管年岁尚小，难以让那些讲解人展开教育，但这个孩子，不论性别、肤色、社会处境，几乎都能理解并使用父母的语言。

这个孩子凭靠自身智力，从那些并没给他讲解过语言的教师那里学会了讲话，但现在有人要对他开展那正式的教育。这等于认为他用之前同样的智力再也学不到什么，也让学习和检验（apprentissage et vérification）之间的自主关联从此成了外来的。他和老师之间，从此有了一层屏障。教师帮助他去**理解**，是这个词为一切事物蒙上了纱幕：孩子要想得到**理解**，只能通过一个教师、而后许多个教师的讲解，而他们将带来许多材料，用逐渐进步的顺序让他理解。此外更有一种特殊的环境因素，自从时代走向进步以来，这类讲解就不断臻于完善，以便给出更好的讲解、给人更好的理解、让人更能学会怎么学习，尽管人们永远不能断定这所谓的理解是否随之达到了完善。我们接下来还听到某种声势渐增的担忧论调，它认为讲解系统的效率总是在下滑，而这当然又需要一次新的完善，以便这类讲解更易于让那些不能理解的人得到理解……

15

雅科托获得的启示，可以归结为这一句：我们必须逆转这个讲解系统的逻辑。我们不必用讲解，去补救理解中的无能（incapacité）。与此相反，这种**无能**，正是人们的讲解观念中的结构性虚构。是讲解人需要无能者，而不是后者需要前者。正是讲解人塑造了这样的无能者。向某人讲解某个事物，这等于先向他讲明，他靠自己无法对其理解。讲解与其是教学活动，更是教育的神话，是一种寓言，它将人们分为博学的心智和无知的心智、成熟的心智和幼稚的心智，分出有能者和无能者、聪慧者和愚笨者。讲解人特有的把戏，包括这样两个开场动作：他一面宣布那绝对的开始：学习活动仅从现在开始；他一面把一切要学习的事物蒙上那无知的纱幕，只有他来负责揭开。在遇到他之前，孩子像在盲目地、猜谜般地（à la devinette）摸索。但现在他该开始学习了。他曾经领会并复述了一些词，但现在他要开始读书。他要认识那些词，就要认识那些音节，而要认识那些音节，又要认识那些字母，而这些是父母和书本都无法教会他的，只有依靠教师的言说。

16

我们提到教育的神话把人们划分为两种,而更确切地说,它是把智力划分为两种。它分出了低等的智力和高等的智力。第一种智力,偶然获取各种感知,在各种习惯和需要所构成的小范围内,去经验性地记忆、领会、重复。这是小孩子和普通人的智力。第二种智力,用理性(raison)认识事物,它进展有序,由简单走向复杂,由部分走向整体。是这种智力,让教师可以按照学生的不同知性能力(capacité)去传递他自己的知识,并且检验(vérifier)学生是否真的理解了所学内容。这就是讲解的原理,但对雅科托而言,这更是**钝化**[1]的原理。

17

我们要了解何为钝化,就先要丢弃那些既有形象。钝化者,不是指那种一味向学生脑中填塞杂乱知识的迟钝老先生,也不是指那种知行不一而只求维护自身权力和社会秩序的初衷不良者。相反,钝化者比那些人远为精明强干,而这正在于他博学、开明、出于善意。他越是博学,就越明显看到他的知识与无知者的无知间的距离。他越是开明,就越感到盲目摸索和有序探究明显不同,就越致力于让心智得到教养、让讲解的明晰得到书的权威。他的想法是,首先,我们需要让学生理解,需要为此向他更好地讲解。这开明的教育家所关心的是:孩子理解了吗?如果他没有理解,那我就去找新方法给他讲解,这种方法在原理上要更严谨、在形式上要更吸引人,然后我再来检验他是否得到了理解。

这种关心值得尊敬,然而不幸的是,**理解**这个简单的词、开明

---

① 钝化(abrutissement),源于动词“abrutir”,即“愚化”,令人变得愚笨。——译注

者们的关键词恰恰造成了所有问题。正是它,终止了理性的运动,毁弃了理性本身的自信,它将知性的世界一分为二,分隔开只会摸索的动物和受到正规教育的好少年,分隔开常识和学问,从而让理性偏离了本来的道路。那些方法论者和进步论者,只因为坚持这个制造二分的关键词,专注于完善那**教人理解**的方式,他们的宏大企求就只能造成进一步的钝化。孩子怕手心挨上几下就会开始结巴,只能遵从戒尺,其中道理正是他会把智力转移到别的事上。**受人讲解**的孩子,正是将智力投入这种负面劳动:他去理解,就是要先理解自己不靠讲解就不能理解。他所服从的不是戒尺,而是人的智力层级。而他其余要做的,只是像别的学生那样安静听课:他如果面对太难的问题找不到解答,当然会聪明地睁大眼睛。教师在细心观察,耐心讲解。他会发现孩子没有跟上,再次向他讲解,将他带回正轨。这样,孩子就得到一种新的智力,它来自教师的讲解。而后,他也可能去做讲解人。他已经得到了这套设备,不过他还要对它做些完善:他将会成为进步论者。 18

偶然与意志

受讲解人长成讲解人,一切周而复始。作为教员的雅科托本来也在其中,但一次偶然,将一个**事实**带到了他面前。而他一直认为,一切推理都要基于事实、服从事实。不过,我们不能因此把他看作唯物主义者。相反,就像提出散步足够证实何为运动的 19

笛卡尔[①],或者像同时代的保皇派和信教者曼恩·德·比朗[②],他也认为,来自那活跃的、能够省察自身活动的精神中的各种**事实**,要比任何实质的**物**更为可靠。雅科托正是这样来看的:**发生了的事实**是,那些学生不靠他做任何讲解,**自己学会了**法语读写。他没有向他们传授自己的学问,没有向他们讲解那些法语的词根和词形变化。他也没有像当时某些教育改革家那样效仿《爱弥尔》[③]中的家庭教师,让学生误入歧途再加以指导,或是巧设路障迫使学生学会如何自行跨越。雅科托让学生们只依靠自己,让他们只能凭借费奈隆的文字,一版甚至并非教科书的逐行译本,还有他们想学法语的意志(volonté)。他只告诉学生们去穿越一片无路可寻的森林。这个要求让他完全无法投入自己的智力,即教师充当中介的智力,无法用它去联结文字印迹中的智力和学徒的智力。而这样一来,他也消除了那空设的距离,即钝化教育的原则。这时,一切都只能发生在三

20

---

① 笛卡尔(René Descartes, 1596—1650),法国哲学家、数学家、物理学家,是法国近代哲学的开创者之一。"用散步证实运动"(prouver le mouvement en marchant),是指笛卡尔在1639年10月16日致梅塞纳(Mersenne)的重要信件中写道,很多事物能够自然地被人认识,包括大小、时间、运动等概念,对其下定义反而是增加隔阂,比如,一个人在屋里走一走就能领会何为"运动"。后来这个词组成为熟语,指事实明显而不证自明。见:笛卡尔:《书信集》,第一卷,巴黎:伽利玛出版社,2013年,346-347页。——译注

② 曼恩·德·比朗(Maine de Biran, 1766—1824),与拿破仑同时代的法国政治家、哲学家,其内省的哲学有过重要影响。——译注

③《爱弥尔》是法国启蒙思想家卢梭的著作,以哲理小说的形式探讨了儿童教育,初版于1762年。——译注

者的智力之间：费奈隆，他曾**意愿**[1]将法语作某种用途；翻译者，他曾**意愿**译出一版荷兰语的对应；学生们，他们**意愿**学习法语。而这里似乎也不需要其他的智力了。雅科托之前没有意识到，但让学生们、跟学生们一道发现：所有的句子，以及写出句子的所有智力，本来都只有一种。所谓理解，始终不过是翻译，是给出一篇文字的对应，而毫不直呈其后的理性。书页背后并没有什么，没有更深层次要求**其他**智力、那讲解人的智力来做什么；这里也不要求教师的语言、语言之语言，因为人不是要用那种字句才能讲出某篇文字的字句中的理性。这些荷兰学生出示了证据：他们用来评议《帖雷马科》的资源，只有这本书里的词。所以说，仅凭费奈隆的字句，人就足以理解他的字句、讲出自己对他的理解。学习和理解，是用两种方式来形容同样的翻译活动。如果说文字之中有什么，那不过是作者的自我表达的意志，也就是翻译的意志。学生们通过学习费奈隆的书理解了一门语言，靠的不仅是比照两页对开内容的行为操练。这里的关键，不是人靠天分就能切换两栏内容，而是人有能力用别人的词讲出自己所想。学生们跟费奈隆学到了这些，是因为作家费奈隆所做的本来就是一种**翻译者**的

21

---

① 意愿（vouloir）：法语中动词与名词“意愿”、名词“意志”来自同一词源，互相关联。一般来说，意志就是供人产生意愿的机能，但著者对它的定义不是静态的，他提到“意志”时更强调一种态度，即人有意愿去肯定自己的能力。——译注

活动:他为了把政治教诲①翻译成传说故事,用他那个世纪的法语转译了荷马的希腊语、维吉尔的拉丁语,以及成百篇童话故事和广博史书中那纯朴或精妙的语言。他在这两重翻译中所用的智力与那些学生们相同,因为后者也运用了这种智力,借他书中的字句讲述了他们自己对这本书的看法。

而且,这种智力不仅让学生们学会了《帖雷马科》的法语,也曾经让他们学会了母语:他们用它去观察和记忆、复述和检验,去将要认识的联系到已经认识的,去做然后省察自己所做。他们像在不该去时出发了,像孩子一样走上前去,盲目探索,去做**猜谜**。而问题正在于此:这样一来,我们岂不是需要推翻人们对智力价值公认的秩序?猜谜这种不受尊重的方法,难道就是人的智力取得**本身**力量的真正运动?而摈弃这种方法的人,不就是只想把知性的世界一分为二?那些方法论者反对这种基于偶然的不良方法,主张靠理性去行进,但他们是为早已认定的事情作证。他们已经设定了一个幼小动物在探索中跌跌撞撞,因为他还看不清世界,而他们正好去教他认清这个世界。然而人的幼子首先是一个言说的存在。当孩子将听到的词复述出来,当荷兰的学生们"迷失"在《帖雷马科》里,他们都不是在偶然中前行。他们的努力、他

① 费奈隆撰写《帖雷马科历险记》或有政治用意。他曾受国王路易十四重用,担任王室后代包括太子子嗣的私教,但他关心平民疾苦,不支持尊崇王权和兴兵黩武,并曾匿名进谏,后又写《帖雷马科》,借这本哲理小说暗讽时政。此书先有抄本在宫廷流传,后于1699年未经作者允许而无署名出版,旋即遭到路易十四查禁,成为费奈隆失宠去职的原因之一。不久后此书传入欧洲列国,因这场政治风波而更加闻名,并在此后的两个世纪中广为流传,在思想史上产生了重要影响。——译注

们的探索都是为了走向这里:有人向他们发出一段言说,而他们想辨认并回应它,他们这样做,并非作为学生或学者,而是作为人;他们像要回应一个来对自己谈话的人,而非一个来对自己进行考试的人:这里的名义是平等。

事实正是如此:学生们是靠自己学习,不需要教师做讲解。而且发生过一次的事总有可能再发生。尽管对于作为**教员**的雅科托,这个发现或许推翻了他的原则,但他作为人,更想了解人的多种可能性。他的父亲本来是屠户,后去经营他外祖父的木匠生意,而外祖父将他送去中学读书。雅科托曾担任修辞学教员,随后在 1792 年响应动员而入伍。他由战友选为炮兵上尉,作为炮手表现突出。1793 年,这位通晓拉丁语的学者去火药司担任化学教官,对工人进行速成培训,送他们到领土的各个角落去施展富克鲁瓦①的各种发现。同样是通过富克鲁瓦,他结识了沃克兰②,而后者本是农家子弟,曾经瞒着雇主自学化学。后来雅科托来到巴黎综合理工学院③,见到了临时委员会依据心智活力与爱国精神两条标准选拔出的年轻学生。他见证了他们成为出色的数学

---

① 富克鲁瓦(Antoine-François Fourcroy, 1755—1809),法国化学家,曾参与建立化学命名系统与推动中小学的科学教育。——译注

② 沃克兰(Louis-Nicolas Vauquelin, 1763—1829),法国化学家,发现了铬与铍两种元素。——译注

③ 巴黎综合理工学院(École polytechnique),创立于 1794 年并延续至今,是法国精英教育体系的核心院校之一。其学生和毕业生的称呼“综合理工学院生”(polytechnicien)在本书中略作“理工院生”。——译注

人才，但这不是靠蒙日和拉格朗日①为他们讲解数学，而是靠数学家们在他们面前的演练。雅科托显然在管理校内行政期间有所收获，得到了数学家的技能（compétence），后在第戎大学得以发挥。同样，他在所教的古代语言课上加入希伯来语，因此后来写了一篇《漫谈希伯来语语法》。不知为何，他认为这门语言很有前景。他最后收获一项技能，本非所愿却义不容辞地出任了民众的代言人。总之他知道，众多个人的意志和国家面临的危难可以催生未有的新能力，因为某些迫切状况需要废弃基于讲解的逐步进展。他认为，国家的需要可以造成这种例外状态，而孩子探索世界时、学者和发明家开辟独特路径时，他们的迫切需要如出一辙。**偶然**的方法已经体现在孩童、学者、革新者的经验里，但在荷兰学生的成功实践下又现出了第二层秘密。这种**平等**的方法，首先是一种源于**意志**的方法。只要人有这样的意愿，以自身的渴求为动力或受形势所迫，他就可以自己学习，不需要教师做讲解。

24

使人解放的教师

在雅科托的实验中，他对学生们的指示就是这样的迫使。而它收效甚巨，不仅是对学生而言，也对这位教师而言。学生们不

---

① 蒙日（Gaspard Monge，1746—1818），法国数学家，巴黎综合理工学院的创办者之一，曾于该校教授几何学；拉格朗日（Joseph-Louis Lagrange），法国数学、力学、天文学家，曾于同校教授力学与数学分析。——译注

靠教师做讲解而学习，但并非完全不靠教师。他们之前不知道的东西，现在他们知道了，所以雅科托仍然教了他们些什么。而他[25]没有向学生传授自己的学问，所以学生所学的，并不是教师的学问。雅科托是教师，就在于他的指令将学生们限制在一个循环里，让他们靠自己走出去，同时他不投入自己的智力，只让学生们的智力去对抗书中的智力。这样就拆开了教师讲解人所合并的两项功能，即学者的功能和教师的功能。同时，这样也拆开了学习活动所涉及的两项机能（faculté），即智力与意志，让它们相对彼此形成自由的关系。教师和学生之间成立了一种纯粹的意志对意志的关系：教师的支配，造成了学生的智力与书的智力之间完全自由的联系。而书的智力，就是那共通之物，让教师和学生形成了平等的知性关联。这件装置，可以厘清教育活动中混杂的各范畴，并确切定义讲解人所做的钝化。所谓钝化，就是让某个智力从属于另一个智力。人，尤其是儿童，有时难免需要教师，因为他的意志还无力将他带上自己的道路并引导自我。这种从属关系可以单纯地存在于意志对意志间。而这种从属关系一旦将一[26]个智力缚于另一个智力，就造成了钝化。在教和学的活动中，存在两个意志、两个智力。它们的重合（coïncidence）就是**钝化**。在雅科托所设的实验中，学生系于一个意志即雅科托的意志，并系于一个智力即书的智力，而这两者完全区别开来。我们所说的**解放**，就是指人认识到并保持这两层关系的不同，就是一个人在他的智力只服从自身、不论他的意志是否服从另一个意志时的活动。

因此，这场教学实验切断了诸种教育学的逻辑。教育者们的实践本来建立于学问与无知的对立。他们之间的差别，仅在于他们选用不同方式让无知者得到学问:这些方法或困难或轻松,或传统或现代,或被动或主动,收效各有不同。依此看来,人们或许可以先作比较,认为雅科托的学生的高效优于传统方法的低效。但事实上,我们根本不用这样去比较。将不同方法对比,就是承认教学活动的各种目的具有最基本的一致:将教师的知识传授给学生。但雅科托本来就无所传授,他也没有采用任何方法。其中 27 的方法纯粹是学生的方法。而且法语学得是快是慢,这是无足轻重的。我们要比较的,不是各种方法,而是两种智力的用法、两种知性秩序的观念。那**高效之路**,并不是某种更佳教育法的道路。它是另一种路,是自由之路。这条路,雅科托在共和二年①参军时、在生产火药时、在创办巴黎综合理工学院时,都曾付诸实验:这条自由之路,可以应对他在紧要时刻的急需,而它也是信任之路,是去相信任何人的知性能力。在教学所建立的无知与学问的对立关系中,我们需要看到在钝化与解放之间更为根本的哲学关系。这里涉及的关键词不止两个,而有四个。这四项决定因素的不同组合,决定了学习活动由谁主持:或是解放的教师,或是钝化的教师;或是有知的教师,或是无知的教师。

最后的一种,应该最难得到认可。我们或许可以理解一个有知者不想讲解自己的学问,但怎么能接受一个无知者成为另一个无知者的学问来源?雅科托的实验本身也不够明晰,因为他毕竟 28 有法语教员的资历。不过,实验至少证明了教师没有用自己的知

① 共和二年,约为公元1793年10月至1794年9月;这里所用的法国共和历是在法国大革命期间创立,在1792年到1806年间和1871年巴黎公社时期采用。——译注

识去让学生学习，这说明教师可以去教自身知识之外的内容，去教自己所不知的内容。于是雅科托设法进行多种实验，有意地复制那源于偶然的单次成果。他着手去教两个他不具相关技能的科目：绘画与钢琴。法律专业的学生们本想请他接任系里的空缺教席，但鲁汶大学校方已经有些看不惯这名古怪的外教，因为学生们因他而不去听各门主讲课①，在晚上挤在一间小教室里，在两支蜡烛的微弱光亮下，听他讲道："我必须教给你们的事情就是，我根本没有什么可以教给你们。"②学校主管考查后表示，雅科托没有任何名义担任这个教席。但恰好，雅科托正想要在实验中发现名义和实际活动之间的偏差，所以他没有用法语去讲授法律课，而是教学生们用荷兰语作辩护。尽管雅科托始终不懂荷兰语，但学生们的辩护大有长进。

力量的循环

雅科托似乎从实验中得到了足够的启示：人可以去**教自己所不知的**，这仅仅需要他解放学生，也就是迫使学生运用自己的智 29

---

① 主讲课（cours magistral），指教师向学生单方面传授知识的课程。——译注

②《对雅科托先生谈普遍教育法原则的公开课的总结报告》（*Sommaire des leçons publiques de M. Jacotot sur les principes de l'enseignement universel*），出版人范·德·维尔（J. S. Van de Weyer），布鲁塞尔，1822 年，11 页。

力。教师要做的，就是将一个智力限制在一个任意的[1]循环里，让它只有靠自己才能走出去。要解放一个无知者，只要并且只有先解放自己，这就是意识到人的心智的真正力量。无知者能靠自己学到教师所不知的，只要教师相信他能做到、并迫使他实现他的能力：这里有一个**力量**的循环。而无力的循环[2]与此相对，它将学生缚于旧方法中的讲解人（此后我们就叫他**旧教师**[3]）。而这两种势力各有特点。无力的循环总是已经存在，它是社会人群的本来路径，因为他们已经耳濡目染了无知与学问的明显区别。而力量的循环若要有效，只能靠推广。不过它的出现，就像一种自我重复、一种不经之谈。富有学识的教师，怎么会理解他可以把自己不知之事教得像自己所知的一样好？他不会承认他的知性力量因此增加了，只会认为他的学问贬值了。而另一方面，无知者难以相信他可以靠自己学习，更难去相信他可以教育另一个无知

30

---

① 任意的（arbitraire），不同于“任何的”，指事物不合规则或其规则不能完全被理性解释。——译注

② 力量的循环（cercle de puissance），无力（impuissance）的循环：关于“力量”（puissance）等相近词汇作一说明：“pouvoir”在本书中一般译作“权力”，但其指代“力量”时与“puissance”意义相近，故也译作力量；本书的一个核心词汇“capacité”译作“能力”，与“力量”不同的是它与人本身相关；而“puissance”在本书中统一译为“力量”，可以属于人和事物；另外，与“能力”（capacité）相区分，“技能”（compétence）指人可以学到的某种本领，而“机能”（faculté）指人天然具有的某项功能；而与“权力”（pouvoir）相区分，“force”更有暴力性的含义，译作“强权”或“势力”。——译注

③ 旧教师（la Vieille），这个代词是指拟人化的“旧方法”，因此可以理解为“旧派别”，因后文将其用作人称，故译作“旧教师”。——译注

者。那些被智力群体排斥在外的人，本身已经听从了排斥他们的定论。总之，解放的循环必须被**开启**。

矛盾正在于此。我们略作思考就会发现，雅科托所提出的"方法"正是所有方法中最古老的，因为不论何时何地，只要某个人需要获取某种知识而又没有办法得到讲解，这种方法就不断得到检验。世界上没有谁不曾只靠自己学习过，同时没有教师作讲解。我们可以把这种学习方式叫作"普遍教育法"(enseignement universel)，并这样肯定它："自从世界起始以来，普遍教育法就真正存在，共存于各种基于讲解的方法。这种教育法，靠它自身，真正地培养了所有伟大的人。"但奇怪的是："任何人在生活中都有千百次这种经验，然而从来没有谁想到去告诉别人：我不用讲解就学到了很多东西，我认为你也能像我这样做。……我和世上的任何人，都没有想到去用它教育别人。"①而对每个人半睡半醒的智力，我们只需要说的是："做自己的事"②，继续去做你所做的事，去"学习事实、模仿它、认识你自己，这是自然的路径"③。你只需要去有序地重复那偶然的方法，靠它测定你的力量。人类心智的所有活动中运作的是同样的智力。

但这里需要迈出最难的一步。每个人都应需采用这种方法，

---

①《普遍教育法：母语篇》(*Enseignement universel. Langue maternelle*)第六版，巴黎，1836年，448页(对《普遍教育法》系列出版物，如无别注，以下一概以篇名简称，如此书称《母语篇》)。

② 原文为拉丁谚语："*Age quod agis.*"——译注

③《普遍教育法：外语篇》(*Enseignement universel. Langue étrangère*)第二版，巴黎，1829年，219页。

但都不愿承认它,不愿应对它所蕴含的知性革命。是社会的循环和事物的秩序让人们无法承认它的本质:它是每个人真正的学习方法,可以让每个人认识到自己的能力。我们要敢于承认它,敢于让它的力量接受**开放的**检验。不然,那无力的方法和旧教师就会和事物的秩序一样存在下去。

谁先来开始?那个时代不乏各种人,出于好意地关心民众教育:守护秩序的人想要教化民众,改掉他们的粗暴脾性,而革命者想让民众意识到自身权利;进步论者想通过教育,填平阶级间的鸿沟;实业家则期待通过教育,让民间最优秀的智力去推动社会发展。所有这些良好意愿,都遇到一个障碍:平民之众并没有什么时间、更没有什么钱去得到这些收获。还有人尝试更易行的方案,根据不同案例,去推广最基本的教育,认为这样才能有效地扶助劳动人民。进步论者和企业家都推崇的一种方法,是互助教育法(enseignement mutuel)。它是在一个大型场地内召集一大批学徒,分成小班,让每班进步最快的人负责管理,担任班长。这样,教师的指示与课程就经过班长的中介,散播给所有需要教育的民众。这番景象让进步论支持者很满意:这样就让学问从顶峰一直传到最低微的众多智力之间。随后,幸福和自由也将下传给他们。

对于雅科托,这种进步却像套上缰绳。他说这是**更完善的马术**。他所期望的互助教育,是另一种情况:每个无知者都可以去做另一个无知者的教师,将他的知性力量揭示给他自己。更确切地讲,雅科托关心的并不是如何教育民众:那些人所**教育**的人,只是打起旗号招来的新兵,是必须能够理解指示的下属,是他们所想统治的民众,而这种统治,当然是用进步的方式,不再假借神权，而仅依据人们**能力**的层级。但雅科托所关心的，是**解放**，即所有人都能建立作为人的尊严、认识自身的知性能力并决定其用处。而那些"教育"推行者相信，教育是真正自由的必备条件。于是他们赋予自己教育民众的义务，却又争执不下应该给予哪种教育。而雅科托并不去想教育者该给民众带来怎样的自由，相反，他从中看到一种新式的钝化。不解放地教，就造成钝化。而解放者不会考虑被解放者该学什么。他可以学到任何想学的，也可能学不到什么。但他知道他可以学习，**因为**一切的人类技艺产品中运作着同一种智力：一个人总能够理解另一个人的言说。雅科托的印刷商有一个迟钝的儿子，屡教无果，已让家人绝望。雅科托教他学会希伯来语，后来，这个孩子成了一个优秀的平版印刷工。他学了希伯来语，当然从来不会用到，但这让他知道了那些更有天分、更受教育的智力始终不知的事：**希伯来语不会难如天书**①。

34

因此我们就清楚了：雅科托不是提出一种教育民众的方法，而是要向穷人宣告一种**恩惠**（bienfait à annoncer）：他们可以做到任何人能做到的事。**宣告**，就已经足够。雅科托决定全心投入此事。他宣称，人可以去教己所不知，而一家之父，即使贫穷而无知，但他只要解放自己，就可以教育他的孩子，不需任何教师讲解人的帮助。他指出了如何去实行这种**普遍教育法：先学某件事，再将它联系到其余一切，并依从这条原则：所有人都有同等的**

① "希伯来语不会难如天书"（ce n'est pas de l'hébreu），这里转用了一句俗语：法语形容某事完全不可理解时，便说"这简直是希伯来语"（c'est de l'hébreu）。

智力。①

在鲁汶、在布鲁塞尔、在海牙，人们为之震动；有人从巴黎、从里昂坐马车来参访；有人从英格兰、从普鲁士来见证新闻；人们把它传到了圣彼得堡、传到了新奥尔良。它的声音一直传播到里约热内卢。一场论战持续了数个年头，让知识共和国的根基为之震颤。

所有这些，都是源于一个有心智的人、知名的学者、美德的父亲成了一个痴妄之人②，只因他不懂荷兰语。

---

① "先学某件事……"原文为："apprendre quelque chose et y rapporter tout le reste d'après ce principe : tous les hommes ont une égale intelligence."——译注

② "痴妄的"或"痴妄者"（fou），或其名词"痴妄"（folie），即"疯狂"之意，是雅科托在当时受到的一种非议，因此在本书中多用作反讽，并非著者的负面评价。——译注

第二章

无知者的课堂

La leçon de l'ignorant

然后，让我们跟随帖雷马科，一起登上卡吕普索的海岛。[①] 让我们跟这几位参观者一起去寻访那痴妄之人的行踪：他曾来到马塞利斯小姐开设的学院；他曾到访皮革商德许弗勒先生家，让他成为拉丁学者；他在鲁汶军事师范学院，受开明的王子弗雷德里克·奥兰涅[②]所托，作为普遍教育法的创始人，去教育未来的军队教官："你们可以设想新兵们坐在长凳上，一齐低声念道：'卡吕普索''卡吕普索不'[③]等等；两个月后，他们学会了读书、写字、算术……在这段基础教育中，我们可以教有的人英语，教别的人德语，教这个人工程，教那个人化学，等等。 35

——创始人是不是对这些都懂？

——他根本不懂，但我们可以给他讲解，我跟你保证，他已经从师范学院里收获不少了。

——那我就不明白了；所以你们大家都懂化学？ 36

① 此处指《帖雷马科》起始情节：女神卡吕普索（Calypso）在她的海岛上，因尤利西斯离去而忧伤不止，常在海岸边观望他离去的方向，因此便看到了帖雷马科因船触礁而登岛。——译注

② 弗雷德里克·奥兰涅王子（Prince Frederick d'Orange），是荷兰国王威廉一世的次子，其家族名为奥兰治－拿索（荷兰语：Oranje-Nassau），此处"奥兰涅"为荷兰语音译。——译注

③ 此处指《帖雷马科》第一句："卡吕普索不能自我宽慰，因为尤利西斯已经离去。"——译注

——不是的,不过我们可以学化学,并且可以给他讲课。这就是普遍教育法。是学生来带老师。"①

任何事情都讲顺序,包括痴妄之举。所以让我们从头开始:帖雷马科。据那痴妄之人说,**一切都在一切之中**②。而某些公众非议道:**一切都在《帖雷马科》之中**,因为《帖雷马科》这本书简直什么都能做到。如果学生想学读书,不管他想学英语还是德语,辩护的技艺还是作战的技艺,这个痴妄之人总是不动声色地交给他一本《帖雷马科》,让他开始复述"卡吕普索""卡吕普索不""卡吕普索不能",这样读下去,直到他懂了书中所标的各章序数,并能讲述其后的内容。雅科托让学生把学到的一切都讲出来,包括字母的形状、词序和词缀、各种形象、各种推理、各人物的情感变化、各种寓意,让学生说出**他所见的**、**他所想的**、**他所做的**。他对学生只有一个强制条件:学生不论说什么,都要指出它在书里的具体出处。学生的作文和即兴演讲,也要按照这个条件进行:他要用书里的词和词组来构成自己的句子;他要指出根据书里的哪些事实作出了自己的推理。总之,对学生说的一切,教师需要能够检验它在书里的具体出处。

37

---

①《普遍教育法:数学篇》(*Enseignement universel. Mathématiques*)第二版,巴黎,1829年,50-51页。

② 原文:"Tout est dans tout."——译注

书中的海岛

他用的是**这一本**书。他可以用《帖雷马科》或另一本书。是偶然将《帖雷马科》送到了他手中，而这本易用的书始终被他采纳。《帖雷马科》有多种语言的翻译，容易在书店买到。它不一定是最出色的法语作品，但它文风纯粹、词汇丰富、寓意朴实。读者可以从中学习神话和地理，还可以靠这本法语“翻译”，领略维吉尔的拉丁语、荷马的希腊语。总之，这是本经典的书，这类书可以让一种语言展示它核心的形式和力量。它作为一本书，是一个**一切**；作为一个中心，可以让人联系到以后所学的新内容；作为一个循环，可以让人从中**理解**所有这些新事物，找到办法去讲出自己对其所见、所想、所做。这就是普遍教育法的第一原则：先学某件事，再将它联系到其余一切。最开始，你需要学习**某件事**。这岂非不言自明？或许是的，但那旧教师会说：你需要学**这件事**，再去学那件，然后学那件。他的原则是挑选内容、逐渐进步、永不完整。他让学生先学几条规则、几种元素，再将它们应用于几个阅读选段、几个适应已有基础的练习，然后让他进入更高程度，那里有更多的基础、更多的书本、更多的练习、更多的教师……学生每一步都走进无知的深渊，而教师会填补它，再布设另一个深渊。学生积累片断，而正是讲解人把知识分成这些片断，在学生前面牵着缰绳，让他永远追不上教师。书永远不是整体，课永远不会讲完。教师总私藏着一种知识，那就是学生的无知。“我懂了这

38

些”,学生满意地说,但教师纠正道,“那是你以为”。其实我还没来得及给你讲这里的难题。等到讲它的那节课上,我再给你讲解。学生好奇地问:“这是什么意思?”教师回答道:“我本可以告诉你”,但这为时尚早,你根本不会理解。等明年老师再给你讲解。这里总有一段先设的距离,分开教师和学生,让学生总是感[39]到要依赖更多教师、更多讲解才能走得更远。这种做法,就像取胜的阿喀琉斯用战车拖着赫克托耳的尸体环绕特洛伊城。这合理化的知识进步过程,就是无限重复的摧残。“任何被教的人,只是人的一半。”①

但我们不用去问,那受教育的年轻人在这摧残下是否痛苦不堪。这套系统的特长,就是将所失转为所得。年轻人在**前进**。他被人教过,就等于学过了,然后就可以忘掉。他的身后,又设下了无知的深渊。但最妙的正是这一点:这种无知今后就是属于别人的无知。学生忘掉的,就是他已跨越的。他不再像生疏的智力和幼儿班的小孩子那样结结巴巴地拼读。这种学校里,没有学舌的鹦鹉。这里的教育者不填充记忆,只形成智力。孩子说:“我理解了,我不是鹦鹉。”他忘得越多,就越明显地感到他理解了。他越有智力,就越能俯瞰他所超过的那些同学,而那些人滞留在知识的门厅里,面对无声的书本,不断复读,只因他们没有足够的智力[40]去**理解**。而这就是讲解人的特长,他让人变得低等,又用最牢固的链条将人缚于钝化的处境,这链条的作用,就是让他意识到自己的高等。

---

①《普遍教育法创始人致拉法叶将军书》(*Lettre du fondateur de l'enseignement universel au général Lafayette*),鲁汶,1829年,6页。

不过,这种意识不会影响良知。受过教育的年轻人,也许会对民众的无知深有感触,想去为教育他们而工作。他知道这件事困难重重,因为那些头脑已经为常规所僵化,或因缺少方法而迷误。但他如果有决心去做,就会知道有一种讲解模式,照应智力层级中的每一类人:他会**按照他们的能力所及**(à leur portée)去教。

然而,我们在这时看到另一个故事。那痴妄之人,或门徒所称的创始人,他登场了,手里带着《帖雷马科》,这本书,这件**物**。他对穷人说,“拿书去读”①,穷人回答道,“我不会读书”。我怎么可能理解书里所写的东西?——像你之前理解任何东西那样就行:去比较两个事实。现在,我先来告诉你一个事实、书中第一句:“卡吕普索不能自我宽慰,因为尤利西斯已经离去。”你来复述:“卡吕普索”“卡吕普索不”……现在还有一个事实:这些词都写在这。你一个都不认识吗?我跟你说的第一个词是卡吕普索,这不就是书页上第一个词吗?你来仔细看它,直到你确定能在一堆词里面把它认出来。为此,你需要跟我**说出**你看到的一切。有一只手在纸面上留下印迹,有一只手在印刷机里排列铅字,就有了这些字符。你来跟我“讲讲这些历程,就是这些来回、这些曲线,或者说,就是笔在纸上写字、刻刀在铜板上刻字时走过的路径”②。你

41

① “拿书去读”(Prends et lis)这句话中含有一则西方读者熟知的典故,关于早期基督教神学家圣奥古斯丁:他听到邻家孩子哼唱到“拿起来读”(Prends, lis!),于是读了《圣经·新约·罗马书》而皈依。——译注

② 《智力解放月刊》(*Journal de l'émancipation intellectuelle*),第三辑,1835—1836年,15页。

能不能认出这个字母“o”？我有个学生是锁匠，他叫它“圆圈”；这个字母“L”呢？他叫它“角尺”。你来跟我讲讲每个字母的形状，就像你在描述一件物品、一个没见过的地方的样子。不要说你做不到，你肯定知道怎么去看、怎么说话、怎么说明，你都可以回想起来。然后还需要什么呢？一种绝对的关注，用于看和再看、说和再说。不要想着对我、对你自己蒙混过关。你确定你看到了的就是这个吗？**你对它怎么想**？你不是一个可以思考的人吗？还是说你认为你只有身体？“创始人就像斯嘉纳莱①一样改变了一切。……你有跟我一样的心灵。”②

然后，他还要学生去谈论书中的内容：卡吕普索、痛苦、女神、永恒的春天，对这些你都是怎么想的？给我看看你是根据哪里这么说。

这一本书，阻止了逃逸。我们不知道学生所走的路线，但我们知道他逃不出这里，要在这里运用他的自由。我们也知道，教师没有权利加入其中，只能站在门口。学生需要自己去观察一切，不断进行比较，始终回应这三个问题：你看到了什么？你对它怎么想？你用它做什么？如此直到无限。

但这里的无限已经不是教师的私藏，而是让学生走上行程。书本身已经完结。它是学生手里的一个“一切”，让他的目光可以通览。教师对他毫无遮掩，而他在教师的目光下也无可遮掩。这个循环，制止了作弊，而尤其制止了一种关键的作弊，即自称

① 斯嘉纳莱(Sganarelle)是莫里哀为剧中主人公常设的辅佐人物，例如唐璜的男仆。——译注

②《智力解放月刊》，同前，380页。

无能:“我做不到”“我不理解”……其实没有什么要理解。一切都在书中,而人要做的只是讲述:说出每个字符的形状、每个句子的历程、每本书的寓意。人需要开始说。不要说你做不到,你毕竟会说“我做不到”,你只要换句话说“卡吕普索不能……”,这样你就出发了。你走上了一条路,你已经认识它并且从此要不停地跟着它走。不要说“我不会说”。与其这样说,你不如学着卡吕普索、帖雷马科、纳巴尔、伊多墨纽斯①的样子来说这句话。这样另一个循环就开始了,即力量的循环。从此你总能找到办法来说这句“我做不到”,而很快你就能说一切了。

这是循环中的旅程。我们已经明白,尤利西斯之子的历险故事就是它的指南,而卡吕普索就是它的第一个词。卡吕普索,意为**隐藏者**。② 而我们正是要发现这里无所隐藏、字词之内没有什么字词、没有语言可以说出关于语言的真理。我们学的是字符和更多的字符、句子和更多的句子。我们复述的是**已经写完**的句子。我们用心学记的是完整的书。而旧教师感到气愤:原来这就是你所说的**先学某件事**。首先,你的那些孩子们只会像鹦鹉学舌一样复述。他们只养成了一种机能,即记忆力,但在我们这里,我们练习的是智力、鉴赏力、想象力。你的孩子们用心

① 纳巴尔(Narbal)、伊多墨纽斯(Idoménée)是《帖雷马科》中的人物。前者是费奈隆所虚拟,在第三章登场,是古腓尼基国提尔城邦的舰队长官,为帖雷马科展示了腓尼基的繁荣;后者在第五章出现,源自古代神话,他本是克里特岛的君王,被赶到意大利半岛的萨伦托建立王国,其态度傲慢,被认为是影射路易十四。——译注

② “隐藏者”(la cachée):“卡吕普索”的希腊词源(*kalyptô*)意味着“隐藏”。——译注

学记,这就是你的第一个错误。而现在你犯了第二个错误:你的孩子们去记但不是**去学**。你说他们学了,但这是不可能的。人的大脑,尤其是儿童的大脑,其记忆力不能胜任这种努力。

这段反论破绽百出。这种言论只是从一个循环转到另一个循环。我们需要逆转他的论调。旧教师说儿童的记忆力不能做到这种努力,是因为他的主旨本来就是普遍的无力。他说记忆力不同于智力、想象力,是因为他动用的武器往往属于那些凌驾于他人之无力的支配者,这件武器就是区分。他坚信记忆力的薄弱,是因为他不相信人的知性力量。他坚信记忆力的低等,是因为他深信所谓的低等和高等。总之,他的双重论调就是:要分出低等者和高等者;低等者做不到高等者所能做的。

44

旧教师只知道这些。他必须坚持不平等,而这种不平等,不是逢迎王爵旨意的不平等,而是那种自然成立的不平等,它存在于所有人的想法里、所有的句子里。所以,旧教师有他轻便的武器,即指出不同:“甲不是乙”“甲乙有很大不同”“两者无法产生比较”……记忆力不同于智力;复述不同于认识;比较不同于理性;要分内容与形式……任何事物都可以在这种处理下产生区别。这种论调也可以现代化,加以科学或人道的口吻:智力的发展要分多个阶段;儿童的智力不同于成人的智力;我们不能对儿童的智力加以重负,以免损害他的健康和各种机能的充分成长……旧教师的全部要求,就是要我们认可他所作的否定和区分:甲不是乙、甲并非如此、甲要更多、乙要更少。于是,这已经足够让智力的层级坐稳宝座。

卡吕普索和锁匠

尽管让他胡诌,我们只看事实。我们看到,是一个意志发出要求,另一个智力对此服从。有一种活动,让智力行进在一个意志的绝对限制之内,我们就叫它**关注**(attention)。这种活动在各处没有区分,它可以去辨认字母形状、背诵一个句子、探索两个数学对象①之间的联系、拼组一些元素为一段话。这里并不区分人的记录、理解、判断等不同机能。那个锁匠把“o”称作圆圈,把“L”称为角尺,他已经在通过关系而思考。而**创造**(inventer)所依据的,与**回想**(se souvenir)并没有不同。我们尽管让那讲解人去“养成”年轻人的“鉴赏力”与“想象力”,去详解众多创造者的“天才”。而我们,只用像那些创造者一样**去做**:拉辛曾去背诵、翻译、复述、模仿欧里庇得斯,博须埃对特土良也是如此,这也正如卢梭效法阿米欧,布瓦洛效法贺拉斯与尤维纳利斯;德摩斯梯尼手抄八遍修昔底德,霍夫特读过五十二遍塔西陀,塞内卡建议反复重读同一本书以求新知,海顿不断研习巴赫的六首奏鸣曲,米开朗基罗总想复制同一座身躯像……②力量本身无所区分。我们的力

45

46

---

① 数学对象(être mathématique),或“数学存在”,为哲学术语,例如可指一个三角形。——译注

② 戈诺:《约瑟夫 · 雅科托教学法的新示例》(Gonod, *Nouvelle exposition de la méthode de Joseph Jacotot*),巴黎,1830 年,12-13 页。拉辛(Racine, 1639—

量只有一种,它就在于看和说、去关注自己所看与所说。我们可以学习句子和更多的句子;我们可以发现事实,也就是发现事物间的关系与更多其他的关系,而它们性质相同;我们可以学习拼组字母、单词、句子、想法……我们不会说,我们得到了学问、我们认识了真理、我们成为了天才。但我们知道,只要依从知性的秩序,我们就能做到任何人所能做到的事。

1699),与莫里哀、高乃依并称法国三大古典剧作家,著有《昂朵马格》《费德尔》等;欧里庇得斯(Euripide, 前480—前406),与埃斯库罗斯、索福克勒斯并称希腊三大悲剧作家,昂朵马格、费德尔等人物原出他的剧中;博须埃(Bossuet, 1627—1704),路易十四的御用神学家,以演说知名;特土良(Tertullien, 150—230),早期基督教神学家,人称首位拉丁神父;卢梭(Rousseau, 1712—1778),法国启蒙思想家,著有《社会契约论》《爱弥尔》等;阿米欧(Amyot, 1513—1593),文艺复兴时期的法国教士、翻译家,译有普鲁塔克《希腊罗马名人传》等;布瓦洛(Boileau, 1636—1711),法国古典主义作家,著有《诗的艺术》(*L'Art poétique*);贺拉斯(Horace, 前65—前8),古罗马作家,著有《诗艺》(*Ars Poetica*)、《颂歌集》;尤维纳利斯(Juvénal, 60—130),古罗马诗人,著有《讽刺诗集》;德摩斯梯尼(Démosthène, 前384—前322),古希腊政治家、演说家;修昔底德(Thucydide, 约前460—约前400),古希腊历史学家,著有《伯罗奔尼撒战争史》;霍夫特(Hooft, 1581—1647),荷兰作家、历史学家,荷兰文艺复兴代表人物之一;塔西陀(Tacite, 约56—约120),古罗马元老、历史学家;塞内卡(Sénèque, 约前4—65),古罗马作家,但似应为古罗马政治家西塞罗(Cicéron, 前106—前43),因戈诺原书提到西塞罗建议友人常读他的《论题篇》;海顿(Haydn, 1732—1809),奥地利作曲家,以器乐闻名;巴赫(Bach, 1685—1750),神圣罗马帝国(现德国)作曲家,也是历史上最重要的作曲家之一;"六首奏鸣曲"是很多作曲家采用的系列作品命名法;米开朗基罗(Michel-Ange, 1475—1564),与达·芬奇、拉斐尔并称文艺复兴三杰,创作了雕像《大卫》;他所推崇的雕像即《贝尔维德尔的英雄残躯》(Torse du Belvédère)。——译注

一切都在一切之中,正是此意:它是指力量的自我循环。语言的一切力量,都在一本书的一切之中。对自身智力的一切认识,都在对一本书、一章、一句、一词的掌握之中。那些嘲弄者笑道,“一切都在一切之中,并且在帖雷马科之中”,并质问无防备的学生:一切也在《帖雷马科》第一章里吗?在书的第一个词里吗?数学在《帖雷马科》里吗?在《帖雷马科》第一个词里吗?学生乱了阵脚,去找教师帮忙:应该怎么回答他?

“你应该回答,你相信,人的一切作品(ouvrage)都在‘卡吕普索’这个词之中,因为这个词,正是人类智力的一件作品。那个对分数求和的人和这个写出‘卡吕普索’一词的人,是同样的知性存在。这个艺术家懂得希腊语;他选了一个词,来表示‘人为的’‘隐藏的’。正是这个艺术家的同类,想出了如何书写文字。而且他的同类里,有的人为写字造纸,有的人用羽毛制笔,有的人用刀修羽毛,有的人用铁制刀,有的人提供钢材,有的人制造墨水,有的人排印‘卡吕普索’这个词,有的人生产印刷机,有的人说明印刷机的效用,有的人推广这些说明,有的人造出印刷油墨,等等,等等……所有这些学问,所有这些技艺,包括解剖学和动力学等等,都是写出‘卡吕普索’这个词的同一智力的成果。有一个哲人,踏上一片未知的土地,见到沙地上有个几何形状,猜想这里有人住过。他说:‘这有人的足迹。’同行者们却认为他疯了,因为他们看他指出的几条线并不像一个脚印。在这愈加完善的19世纪里,学者们如果见到有人给他们看‘卡吕普索’这个词,跟他们说‘这里有人的手印’,他们只会睁大眼睛,一脸茫然。我敢说,法国师范学院派来的人会看着‘卡吕普索’这个词说:‘不管你怎么说,

47

48

这里并没有手指的形状。'**一切都在一切之中**。"①

卡吕普索**之中**的一切,就是智力的力量,它存在于人所作的任何展现(manifestation)里。是同样的智力,想出了名字和数学符号。是同样的智力,制造了字符,形成了推理。心智不分两种。智力的**展现**是不等的,因为意志分配给智力去发现和组合新关系的精力有多有少,但**智力的能力**是没有层级的。而解放,就是意识到这种**天性**中的平等,这种意识可以为任何一种历险在知识的领地里开辟道路。因为这里的关键,是敢去历险,不是学得好坏或快慢。"雅科托教学法"不是更好的方法,而是另外的方法。因此其采用哪种程序,这本身并不重要,它可以是《帖雷马科》,也可以是任何别的什么。我们要从文字开始,不是从语法开始;要从完整的词开始,不是从音节开始。这样来学习并不一定学得更好,而雅科托教学法也不是通读教学法②的前身。从"卡吕普索"开始学习,而不是先学"B""A"再拼读"BA",确实可以更快,但快的原因,是学生得到了力量,是解放的原则得以实行。"旧的方法讲究从字母开始,因为它对学生的指导原则,是智力的不平等,更是儿童的智力低下。它认为字母比词更容易识读;尽管这是错的,但它还是这样认为。它认为儿童的智力不适合去学'C''A'再拼读'CA',如果要学习"卡吕普索"这个词③,就要有成人的智

49

① 《母语篇》,464–465 页。

② 通读教学法(méthode globale),或称全语言教育,是指教儿童学习识字时不从拼读字母开始,而从认识词语开始。——译注

③ 卡吕普索(Calypso)的前两个字母正是"CA"。——译注

力，即高等的智力。”①总之，从“B”“A”到“BA”开始学习，是与“卡吕普索”同样打出一种旗号：它以**无能**来反对**能力**。对于它，拼读字母首先是加入它的势力，其次才是学习手段。正因此，我们即使改变程序的顺序，也毫不解除原则的对立。“旧教师或许有一天会想起来教学生识词，而我们或许会教学生拼读字母。但这明显的方法改换会造成什么不同吗？完全不会。我们的学生得到的解放不会更少，旧教师的孩子们受到的钝化也不会更少。……旧教师的钝化，不在于让学生们拼读字母，而在于告诉他们，他们不会自己拼读；所以他教学生们识词，仍然没有解放他们，还是钝化他们，因为他最关心的是告诉他们，他们稚嫩的智力不能脱离他从旧头脑里取出的讲解。所以说，带来解放或钝化的，并不是程序、步骤、方法，而仅是原则。不平等的原则、那旧的原则，无论如何都会造成钝化；而平等的原则、雅科托的原则，无论采用哪种程序、哪本书、应用在哪个事实上，都能带来解放。”②

50

关键问题，是向一个智力揭示它自己。这里所用的，可以是任一件**物**。它可以是《帖雷马科》，也可以是孩子或无知者熟记的一段祷词或一首歌。总有某件物，是无知者所知的，可以让他用作比较，以此联系到某件新的物并认识它。例如那个锁匠，他听说自己也可以读书就睁大了双眼。他**根本不**认识字母。不过，我们不妨让他去看一看日历。他或许知道月份的顺序，所以能**猜出**1月、2月、3月……他略知道怎么计数，那不如让他根据那些线迹慢慢地计算，来认出他知道的记号。他知道自己名叫纪尧姆，

---

①《智力解放月刊》，第三辑，1835—1836年，9页。

②《智力解放月刊》，同前，11页。

51 自己的生日是 1 月 16 日。他肯定能找到代表这个月份的词。他知道 2 月只有 28 天,也明显看出有一栏比其他的都短,他就能认出 28,如此继续。总有某件物,可以为教师所用,让他去叫学生认出来,就此询问他并检验他的智力劳动。

教师与苏格拉底

事实上,教师的基本活动就是这两项:他去**询问**(interroger),要求一段言说,也就是说,他要一个本来无知或自弃的智力去展现自己。他去检验这个智力在劳动中的确投入了**关注**,没有在这段言说里**随便地说**来逃避限制。为此,我们是不是需要一位循循善诱和博学的教师?恰恰相反,博学教师的学问,会让他更容易**破坏**这种方法。他的问题,会将学生自然地导向他已知的答案。所谓"好"老师的秘诀就是,他们用问题隐蔽地引导着学生的智力,他足够隐蔽,让学生去学习,但不会真的让学生只靠自己。每个讲解人里,都潜伏着一个苏格拉底。而我们需要看到,雅科托的方法,即属于学生的方法,为什么根本不同于苏格拉底式的教 52 法。苏格拉底用一连串问话,让美诺的小奴隶认识到自己本来就能弄懂数学真理。① 他或许指出了一条知识的道路,但这绝不是

① 柏拉图《美诺篇》写道,苏格拉底教会美诺家的奴隶、一个没有学过几何的男孩如何证明一个正方形的面积是另一个的两倍,见:《美诺篇》,82a—86d。——译注

解放的道路。相反，苏格拉底需要手把手地引导小奴隶，才能让他发现自己的潜质。后者与其展示了知识，更展示了自己的无力：他根本没有自己迈步，而且没有人让他起步，只让他为教师的讲授充当说明。苏格拉底所做的，只是询问一个仍然注定为奴的奴隶。

所以，苏格拉底的教法是一种更加完善的钝化。苏格拉底跟所有博学的教师一样，询问是为了去教。但我们要想解放一个人，就要以人的方式而非有知者的方式去询问，就是为了受教、而非去教。真去这样做的人，他其实不比学生知道更多，不在学生之前引导旅程，他就是那无知的教师。他敢于给孩子充分留出时间，让他弄懂"卡吕普索"这个词。但有人问，孩子与卡吕普索有什么关系？他怎么可能听说过这个词？我们先把卡吕普索放到一边，但哪个孩子不曾听到过"我们的天父"，不会背诵一段祷词？① 这就有了那件物，而贫穷无知的父亲想教子女读书时也就不会犯难了。他肯定能找到一个乐于助人并且多少识字的邻居，请他誊写出这段祷词。靠它，父母就能开始教育孩子，叫他去找哪个词是"我们的"。"如果孩子投入关注，他就会说，纸上的第一个词肯定是'我们的'，因为它在这句话的开头。第二个词肯定就是'天父'；这样孩子就能够比较、区分、认识这两个词，在各处都能认出它们。"②拿着誊写的祷词，哪个父母不能对孩子问他见到

① 雅科托生活的时代远早于法国实行政教分离的1905年，因此很多家庭都信仰宗教；孩子都听过"我们的天父"(notre père)，因为它在基督徒最熟知的一段祷词的开头。——译注

②《智力解放月刊》，第六辑，1841—1842年，72页。

了什么、对它做了什么、对自己所见和所做的又想了什么？这种方式,就像他询问邻居手里的工具是什么、用来做什么。去教自己所不知的,仅仅是去对任何自己所不知的向人提问。提出这类问题,不需任何学问。无知者可以提所有问题,而只有这些问题,对于那字符领地上的旅行者,才是真正的问题,才能将他的智力限于自主的练习。

54　反对者说,尽管如此,但询问者的权力之源,也恰让他不能胜任检验。他怎能知道学生没有胡说？父母当然可以让孩子指出哪个词是“天父”或“天上”,但又怎能检验出孩子是否真的指对了那个词？如果孩子真能前进,那他越前进,这种困难还会越大。无知的教师和学生岂不是在上演瘫子背盲人走路的寓言？①

无知者的力量

我们要先让反对者知道:我们不是让无知者装出有学问的样子,更不会用一种民众的学问来反对学者的学问。的确,我们需要有所知,才能评判劳动的结果、检验学生的学问。而无知者所做的,比这**更多**也**更少**。他不是去检验学生的发现,而是去检验他是否作了探究。他是去评判学生有没有投入关注。而只要是人,就能评判他人是否作了劳动的事实。就像那个哲人在沙地的

① 典出弗洛里昂(Florian, 1775—1794)的寓言诗《盲人与瘫子》。寓言原本是称赞盲人背瘫子协作行走,后被用作反意,成为一种讽刺。——译注

线条中“认出”了人的足迹，一个母亲也能“从孩子的眼里和神态中”看出，“他在做任一项劳动、指出句中的词的时候有没有关注自己所做的”。[①] 无知的教师对学生的要求，是让他证明自己在学习中投入了关注。这看似无足轻重？但你要看到这种要求给学生带来了持续的任务，也要看到它给无知的检验者赋予了智力：“这个**无知的**、但**被解放了的**母亲，何尝不能注意到，每次她要孩子去找‘天父’，孩子是否都指向同一个词；她又何妨按住并藏起这个词，问道：我的手指下面是什么词？等等，等等。”[②] 55

虔敬持家的姿态，妇女的生活技巧……这就是讲解人群体的官方代言人的评判：“‘人可以去教自己所不知的’仍属于一种家务指南。”[③]而我们的回应是，这不是要让“母性本能”的特长用于家庭。这根手指，藏住了“天父”这个词，它也恰恰见于卡吕普索这个隐藏者、人为者**当中**：后者标示着人类智力，最简单地巧用了理性，而这真正的理性，专属于每个人也共通于所有人，它最佳的展现，就是让无知者的认知和教师的不知达到平等，从而显示智力平等所具有的诸多力量。“人这种动物，尤其能看出讲话者是否懂得自己所讲……这项能力，就是团结所有人的纽带。”[④]无知的教师所做的，不只是提供权宜之计，让不具备时间、财力、知识 56

---

① 《智力解放月刊》，同前，73 页。

② 《智力解放月刊》，同前，73 页。

③ 洛兰：《驳雅科托教学法》（Lorain, *Réfutation de la méthode Jacotot*），巴黎，1830 年，90 页。

④ 《母语篇》，271 页，另见：《智力解放月刊》，第三辑，1835—1836 年，323 页。

的穷人去教育自己的孩子。他给予至关重要的经验,在学问力所不及之处解放理性的纯粹的诸多力量。只要是某个无知者能做到一次的,所有的无知者就都能再次做到。这是因为无知不存在层级。而无知者和有知者通常都能做到的事,就是我们所说的知性存在的本来力量。

平等的力量,同时也属于两元性与共同体。只要是人与人集结的地方就没有智力,因为这是心智与心智的**结合**(reliure)。智力存在于每个人的行动中,他讲述自己所做,利用各种途径来检验行动的实际性。那置于两个智力之间的共通之物,是这种平等的保障,它有两个作用。首先,一件实质的物,是"两个心智形成交流的唯一桥梁"①。这座桥是通道,也是互相保持的距离。书的实质性,给两个心智以平等的距离,而讲解则是让一个心智湮灭在另一个心智中。而且,这件物也是一个常设的机关,能够提供实质的检验:无知的检验者的技艺,就在于"让受验者回到实质对象,回到书里的句子和词,回到他能用各种感知去检验的一件**物**"②。受验者总是得益于检验,去面对在读的书、面对每个词的实质、面对每个字符的笔画。这件物、这本书,同时禁止了自称无能的作弊和自认有知的作弊。正是因此,无知的教师有时可以扩展本职技能,不只去检验所教孩子的学问,也去检验孩子在所说和所做中是否投入了关注:"你甚至也能用这种手法去帮助某个邻居,因为他的处境不受他掌控,让他不得已送孩子去读初中。如果邻居请你去检验这个初中生的学问,哪怕你根本没上过学,

57

① 《智力解放月刊》,第三辑,1835—1836 年,253 页。

② 《智力解放月刊》,第三辑,1835—1836 年,259 页。

你也根本不必婉拒这个委托。你可以问孩子：小朋友，你在学什么？——希腊语。——这学的是什么？——伊索。——这学的是什么？——寓言故事集。——你学了哪一篇？——第一篇。——第一个词是什么？——就是这个。——把你的书给我。把第四个词背出来。把它写下来。你写的不像书里这第四个词。邻居，这孩子好像并不知道他称自己知道的。这证明他没有投入关注去学习或去指出他自称知道的。你要劝他用功学习，我下次还会来，告诉你他是不是学了希腊语，尽管我不懂希腊语，也根本不识希腊文。”①

58

正是这样，无知的教师可以作为无知者去**教育**有知者：去检验他是否持续地探究。去探究的人，总会有发现。他发现的，不一定是他要探究的，更不一定是他本来**应该**发现的。但他会发现某些新的物，来联系到他已经认识的那件**物**。其中的关键，是这持续的警觉、这种关注，它永不松懈，不容引入任何的反理性（déraison），而这种反理性，正是那学者得以超出无知者的特长。而教师是这样的人，他帮探究者坚持**自己的**路径，让他沿此独自去探究，并永不止步。

关系每个人的事

为了检验这种探究，我们还需要知道探究的意思。而这是我

① 《智力解放月刊》，第四辑，1836—1837 年，280 页。

59 们方法的核心。要解放他人,就要先解放自己。这就是认为自己的心智是旅行者,与所有其他的旅行者同类,是与众多知性存在分担着共通力量的知性主体。

我们怎样才能得到这种自我认识?“一个农民、一个工匠(一家之父),只要他去思考他在社会秩序中是什么、做什么,就会从智力上自我解放。”①有人可能认为这种说法太过简单,甚至简陋,那么他也许从不知道,在柏拉图的话里,哲学对工匠加有多么沉重的古老戒规,指定了他们的命运:不能做任何别的事,只做**你自己的事**,而这件事不是去想些什么,而是**只去做**那规定着你的存在的事,直到尽头;如果你是鞋匠,你就要去做鞋,让你的孩子也一样做鞋。德尔斐神谕的确说让人认识自己,但不包括你。如果神喜欢开玩笑,在你孩子的心灵里掺入了一点思想的黄金②,那么他仍然要交给那黄金的族类、城邦的护卫者,受他们养育而成为他们的同类。

的确,进步的时代曾想打破旧戒规的约束。在百科全书派③的引领下,这个时代发现一切不再按照常规运转,甚至包括工匠

60 的劳动。这个时代也懂得,任何社会角色,无论多么低微,都是可

---

①《母语篇》,422 页。

② 指柏拉图对人像金、银、铜几类金属一样看待,将人依此分为地位相异的类别,见:《理想国》,415a-c。——译注

③ 百科全书派(encyclopédistes),是法国 18 世纪的启蒙运动思想家群体,他们以狄德罗为核心,如孟德斯鸠、伏尔泰、卢梭等,因参与编纂《百科全书》而得名。——译注

以思考的存在。在这个新世纪的拂晓，公民德斯蒂-特拉西①这样写道：“任一个说话的人，都对观念学、语法、逻辑、辩术有自己的想法。任一个行动的人，都对私人道德和社会道德有自己的原则。任一个得过且过的存在，都对物理和算术有自己的概念；他即使仅仅与同类生活在一起，也有自己的小型史实辑藏，有自己对史实的评判方式。”②

所以说，让鞋匠只做鞋是不可能的，他可能以自己的方式做着语法学家、伦理作家或是物理学家。这就带来了根本的问题：一旦这些工匠和农民根据处境的常规或是所遇的偶然，形成了某些伦理、算术、物理概念，那么合理化的进步进程就将受到双重阻碍：既为守旧者和迷信者所延误，又为粗暴者的热情所扰乱。因此，某些人认为应该依据理性、科学和公众利益的诸原则，提供最基本的教育，将那些有益的观念导入人们的头脑，不然他们就会形成错误观念。而且，这项事业肯定还将更有收获，因为这样就能让农民或工匠家庭的子女脱离原来那生产错误观念的天然环境。然而，这番定论很快就遇上矛盾：孩子尽管需要脱离常规和迷信，但还要回归自身的活动和状况。而这个进步时代自从拂晓之时就有人警告，让平民子女脱离本来所属的状况与这种状况的

61

---

① 德斯蒂-特拉西，全名德斯蒂·德·特拉西（Antoine Destutt de Tracy, 1754—1836），法国政治家、思想家，观念学的创始人，曾暂任法国大革命军的将领。著者称其“公民”是因为他在署名中有意略去姓名中的贵族标志，自称“公民德斯蒂-特拉西”。——译注

② 特拉西：《对现今公共教育体系的观察》（Tracy, *Observations sur le système actuel d'instruction publique*），巴黎，共和九年。

观念基础,就会造成致命的危险。而还有一个矛盾是:我们知道,从这时起,各门学问都以简单的原则为基础,让所有心智都力所能及,让人只要采取正确方法就能掌握。不过,人的天性,虽然让所有心智都能以学识为职业,但也对应着一种社会秩序,让各个阶级彼此隔离,让个体遵从本来的社会地位。

人们对此矛盾的解放方案,是在教育和培育①之间建立平衡,为学校的教师和家里的父亲分配角色。前者负责教育,带来启蒙,驱走孩子在成长环境里形成的错误观念;后者负责培育,消除学生由稚嫩的学问催生的过度渴求,将他带回自家本来的状况。孩子的父亲处在常规的活动中,没有条件对子女实行知性教育,但要全权负责言传身教,养成他的品性,使他留守自身状况。家庭既是知性能力缺失的源头,也维护着伦理恒常的准则。这两个特点,表现为工匠自我意识中的两重限制:他意识到他**所做的**要听任某种不属于自己的学问,也意识到他**所是的**,从而甘于不做任何其他的事,只做自己的事。

62

对此,我们用最简单的说法来形容:教育和培育的协调的平衡,造成双重的钝化。它完全对立于解放,而解放,是让任何人意识到自己的知性主体的天性,是反过来讲笛卡尔的平等公式:"笛卡尔说:'我思,故我在';这个伟大哲学家的这一妙想,就是普遍

---

① 教育(instruction)、培育(éducation),虽非词意中的严格定义,但在法语的使用习惯中,前者强调学生对知识的学习,后者强调学生人格的塑造;例如自19世纪以来,法国公共教育部名称中的"教育"一直是前者,直到1932年改用后者,亦即对"培育"(éducation)赋予了更广义的概念,令其涵盖了"教育",所以改名后也称作国民"教育"部。——译注

教育法的原则之一。我们反转他的想法,我们说:‘我是人,故我思’。”[①]这个反转,将**人**这一主体纳入了**我思**的平等性。思想并不是思考实体的属性,而是**人类**的属性。我们如果想把“认识你自己”转变为原则,去解放任何人类存在,就要反对柏拉图的禁令,活用《克拉底鲁篇》里杜撰的词源之一:人,古希腊语的人,是指这样的存在,他**检查他的所见**,他在这种反思里对他的行动产生自我认识。[②] 而普遍教育的全部做法,可以总结为这样去提问:**你对此怎么想**?它的全部力量,就在于它让教师实行了解放意识,也唤起了学生的解放意识。父亲可以解放自己的子女,只要他先认识他自己,即检查自己这个主体所做的智力活动,并注意到在这些活动中,他怎样运用了自己作为思考存在的力量。

解放意识,首先是无知者对各项知性技能的清点。他懂得自己的语言,也懂得利用语言,去对抗他的身份,或者去询问也懂它或自称更懂它的人。他懂得自己的行业、自己的各件工具、工具的用法;他也能按照需求去完善它们。他要做的,只是去开始反思自己的这些能力、自己如何获得了这些能力。

我们需要厘清这种反思。它不是要求我们用劳动与民众的知识、工具与工人的智力,去反对学校的学问、精英的辩术[③],也不

---

① 《对雅科托先生关于普遍教育原则的公共课的总结报告》,同前,23页。

② 柏拉图:《克拉底鲁篇》,399c:“所有动物中,仅有人称为‘人’(*anthropos*),恰是因为人会检查他的所见(*anathrôn ha opôpé*)”(译者所译)。

③ 辩术(rhétorique),或“修辞学”,指演讲与辩论等发言的技艺,在古希腊、古罗马与法国近代史上都是重要的学科,例如在法国19世纪的学校里,演说(éloquence)是与哲学、历史等并列的重要科目。——译注

64 是要追问七座城门的底比斯城是由谁造就①,以伸张那些建造者和生产者在社会秩序中的地位。相反,它要求我们认识到智力不分两种,而人类技艺的一切成果都源自人们实践了同样的智力潜能。人不管在何处,都要作出观察、比较、组合,去做并且注意自己是怎么做的。这种反思,在各处都是可能的,而这样回归自身,不是让一个思考实体沉浸于纯粹的沉思,而是让他无条件地去关注自身的智力活动,自己走过的路径,以及能否延续这条路径,靠同样的智力去探索新的领域。而将工人劳动和人民血汗的成果对立于辩术的云层,这还是钝化之举。织造云层,也是人类技艺的成果,它也需要大量的劳动和知性关注,不多也不少于制作鞋和锁。法兰西院士莱米尼耶先生②详论了民众的智力无能,他是个钝化者,但钝化者不是蠢人或懒人。而我们反而可能成为钝化者,只要我们不承认他的论述中也有同等的技艺、同样的智力、等量的劳动,如同木材、石材、皮料的加工。我们只有承认莱米尼耶

65 先生的**劳动**,才能看到卑微者的成果所展现的**智力**。"格勒诺布尔一带贫穷村妇的工作是制作手套,她们的报酬是每打30分钱。而自从被解放以来,她们会去努力察看、钻研、理解一只制作精良的手套。她们会猜度这个手套的所有**句子**、所有**词**的用意。她们

---

① 典出德国剧作家贝托尔特·布莱希特的名诗《一个工人读历史的疑问》(Bertolt Brecht, Fragen eines lesenden Arbeiters)的第一句:"七个城门的底比斯是谁建造的?"(冯至译),是作家于1935年流亡丹麦期间所作,收于1944年的《流亡诗集》与1949年的《日历故事集》。——译注

② 莱米尼耶(Eugène Lerminier, 1803—1857),曾就任法兰西学院的比较法的历史与哲学教席。——译注

最后就会跟城里每打挣 7 法郎的女工们讲得一样好。这里的关键,仅是学习别人用剪刀和针线去讲的语言。(各种人类社会中的)问题始终是去理解并去讲一种语言。”①

语言具有实质的理想性,消解了黄金族类与铜铁族类之间的任何对立,消解了限定于劳动作业的人和天生要操练思想的人之间的任何层级与倒转层级。任一种语言成果,都以同样的方式被人理解和实现。正是因此,无知者只要**认识了**自己,就能去检验子女对他所不懂的书所作的探究:他虽然不懂孩子所学的那些**材料**,但只要去问清楚孩子是怎么做的,就能看出孩子有没有探究的成果。因为他知道**探究**是什么,并且他只用让孩子做一件事,就是去反复操练那些词和句子,就像他自己在探究时反复操练那些工具一样。

66

这一本书,这本《帖雷马科》或另一本书,它置于两个智力之间。它汇集了各种事物的实质性中所含有的合乎理想的共通性。书,**正是**各智力的平等性。也正因此,那哲学的戒规在指定工匠只做自己的事的同时,也责难了书的民主。柏拉图的哲人王赞许有生的言说,反对书中僵死的文字,因为他认为,书将思想转为外物,从而为借助外物的人所利用,书让言论既无声又过于多解,从而被某些没有资格运用思想的人随意曲解。而那讲解人的特权,便是捡起了这道禁令的残余。但“雅科托教学法”把特权给予书、字符操纵、记忆法,这完全颠覆了柏拉图的写作

---

①《普遍教育法:音乐篇》(*Enseignement universel. Musique*)第三版,巴黎,1830 年,349 页。

批判中的心智层级。[①] 书在两个无知者之间建立新的联系,让他们认识到彼此的智力。这种新联系,推翻了知性教育和道德培育的钝化联系。父母不再是负责培育的规训机关,而是依靠解放的决断,为自己的孩子担任无知的教师,代为发出意志的无条件要求。这种要求是无条件的,因为父亲这解放者不是好心的教育家,而是毫不妥协的教师。而解放的戒规,不含任何条文。它绝对地规制着一个主体,并认定他能够规制自我。孩子在书中检验各智力皆平等,而父母也要检验他的探究是否彻底。家庭这个单元,不再是将人带回原位的场所,不再让工匠意识到自身没有价值。这个场所,属于一种新的意识、一种自我超越,把每个人本该做的"自己的事"拓展为共通理性的完整演练。

67

盲人与狗

这是因为,我们要检验的恰是这一点:所有可以言说的存在,在原则上是平等的。贫穷家庭的父亲可以约束子女的意志,从而检验子女跟自己有同样的智力、跟自己同样地探究;而在书中,孩子探究的是著书者的智力,从而检验其智力与自己的智力在同样地施展。这种相互联系就是解放之方法的核心,是一种新哲学的

68

① 见:柏拉图:《斐德罗篇》,274c / 277a;雅克·朗西埃:《哲人与其穷人》(J. Rancière, *Le Philosophe et ses pauvres*),巴黎:法亚尔出版社,1983 年,66 页后。

原则。创始人联并两个希腊词,把这新哲学称为**全一**①哲学,因为它在智力的**每一个**展现中探究**整全**的人类智力。曾有个地主将自家园丁派来鲁汶,想将他培训成子女的家教,但他显然有所误解。被解放的园丁,或一般意义上的无知的教师,并没有特别的教学本领。被解放者的根本能力,是成为解放者:他不提供知识的要点,而是让一个人看到自己的智力同等于其他人,其他人的智力也与自己同等,从而意识到自己所能做的。

解放,就是意识到这种平等、这种相互联系。仅有这种联系,可以让智力在检验中实现自我。民众的钝化,并不是因为缺少教育,而是因为相信自身智力的低等。而那使"低等者"钝化的,同时也让"高等者"钝化。这是因为,人要检验自己的智力,就只有跟同类言说,让他来检验两个智力互为平等。而高等心智认为自己根本不能被低等心智理解。他确信自身智力,是通过不去信赖那些本来可以给他认可的人。例如有个学者,他"知道"女性心智低于男性心智,所以他认为自己生活的主要内容,就是跟一个无法理解他的存在交谈:"多么亲密!多么甜蜜,那些情话!那共同生活!那家庭!讲话的人永远不确定自己是否得到了理解。可是他有一个心智,有一颗心!一个伟大的心智!一颗如此敏感的心!但那社会的锁链却把他缚在一具尸体上!可叹!"②而学生和世人对他的景仰,能否告慰他在家中感到的羞辱?可是低等心智的评判,对高等心智又有何用?"你对这个诗人说:我非常欣赏您

---

① "全一的"(panécastique),是雅科托所拟的合成词,来自表示"泛、全"(*pan*)和"每一个"(*ekastos*)的两个希腊词根。——译注

② 《全一哲学月刊》,第五辑,1838 年,168 页。

的新作品;他会抿着嘴回答你:您让我感到**极其**荣幸;这句话意思是:亲爱的朋友,我怎么能接受你这点智力的恭维。"①

相信智力的不平等、相信自身智力的高等,这绝不是仅见于某些矜贵的学者和诗人的事实。这种相信的力量,在于它影响着所有人,即使它有时表现为谦逊。你想劝一个无知者去学习,他

70

却告诉你,"我做不到,我只是个工人"。你要听明白这个三段论的全部含义。"我做不到"首先是说"我不想做;我为什么要做这种努力?"它也是说:我当然做得到,因为我有智力;但我是工人:我这类人是做不到的;我的邻居就做不到。而且我只跟低能者打交道,所以这对我又有什么用?

人们就是这样形成了对不平等的相信。任一个高等心智都会找到更高的,再将它拉低;任一个低等心智都会找到更低的,再对它歧视。鲁汶一个教员的教袍,在巴黎无足轻重。而巴黎的工匠"知道"外省的工匠远为下等,而后者又知道农民远为落后。当有一天,这些农民认为他们更懂得事理,而巴黎的教袍披给一个空洞的学者,局面就再也不可收拾。低等者普遍的高傲,连同高等者普遍的看低,让世界上没有任何智力可以借同等者认识自己。当人对别人讲话,但别人无以反驳时,理性就不复存在。"最美的、最有教育性的景象,就是一个人讲话的景象。但听者要留有权利,去思考他刚刚听到的,而讲话者也要允许他这样做……

71

所以,听者必须去检验讲话者是否在真正地坚持自己的理性,是否从中跳脱,是否回归其中。这种检验,是由各智力的平等所准

---

①《普遍教育法:遗集》(*Enseignement universel. Mélanges posthumes*),巴黎,1841 年,176 页。

许、所要求的,如果没有它,我所见的会话,就只是一个盲人在对自己的狗讲话。”

盲人对狗讲话的寓言,对应那盲人与瘫子的故事,讲述了一个智力不平等的世界。它关系的是哲学和人性,不是儿童教育的秘诀。普遍教育法,首先是同类者的普遍检验,而所有被解放者、所有认定自己与他人同类的人都能去这样做。

一切都在一切之中

一切都在一切之中,这是力量的自我循环。这种力量源自平等,它去任何人类成果中探寻智力的手印。雅科托为此设计的练习,震惊了巴蒂斯特·弗鲁萨尔,他是进步论者、格勒诺布尔的小学校长,陪同议员卡西米尔·佩里耶的两个儿子来到鲁汶。弗鲁萨尔身为“教育方法学会”的会员,对普遍教育法早有耳闻,也应该听说过马塞利斯小姐课堂上的这种练习,因为学会主席德·拉斯泰里先生[①]曾就此告知会内。他于是见到女生们像往常一样在15 分钟内作文,有些人的题目是“最后一个人类”,有些人的题目

72

① 巴蒂斯特·弗鲁萨尔(Baptiste Froussard, 1792—1849),法国政客;卡西米尔·佩里耶(Casimir Perier, 1777—1832),法国银行家、政治家,曾于七月王朝期间任部长会议主席,即政府首脑职位;德·拉斯泰里(Charles Philibert de Lasteyrie, 1759—1849),法国农学家、慈善家,大革命的支持者。——译注

是“浪子归来”,而她们就此写作的文学片段,果真就像那位创始人所担保的一样,“毫不逊色于我们的最一流作家的最佳篇章”。这句断言,引来了饱读诗书的访问者们最激烈的质疑。但雅科托先生自有办法说服他们:他们既然明显觉得自己可以跻身时代一流作家之列,就不如来参加同样的测验,跟学生们一较高下。德·拉斯泰里先生,经历过1793年的风浪,从容地参与了这堂练习。但巴黎师范学院派来的吉尼奥先生①却不一样,他根本不见“卡吕普索”中有手印,反而在一篇作文中,见到学生错不可恕地漏掉了“相信”一词里字母“î”的长音符号。他受邀参加测验,却迟到一小时才现身,被告知第二天再来。但下午,他却坐上通邮马车直返巴黎,在行李中带走了这个未加长音符而不光彩的“i”,像带着一件罪证。

73 看过作文课之后,弗鲁萨尔又旁听了几堂**即兴演讲**。这是普遍教育法的重要练习:让学生学习不经准备地去讲任何主题,讲话要有开头、展开、结尾。学习即兴演讲,首先是**学习战胜自己**,胜过一种自傲,不让它以谦逊作掩饰,自称没有能力去对别人讲话,即拒绝让自己听从自己的判断。其次,学生要学习去作开头和结尾,让自己成为一个**整体**,将语言封入一个循环。于是,两个学生镇定自若地即席谈论了“无神论者之死”,随后,为了排解这些悲观的想法,雅科托先生让另一个学生即席谈论“一只苍蝇的飞行”。课堂上响起一阵哄笑,但雅科托先生恢复了秩序:这绝不是为了逗你们发笑,而是要你们**去讲**。那年轻人根据这个架空主

① 吉尼奥(Joseph-Daniel Guigniaut, 1794—1876),法国古希腊学家,曾任巴黎师范学院(现巴黎高等师范学院)院长。——译注

题讲了八分半钟,她讲得引人入胜,所作的比照既充满了优雅又有新鲜的想象。

弗鲁萨尔还参加了音乐课。他应雅科托先生的要求找来一些法国诗歌片断,让那些年轻的学生们以此为题,即兴创作旋律和伴奏,而她们作出了迷人的表演。弗鲁萨尔几次回访马塞利斯小姐的学校,自己提出几个关于道德和形而上学的作文题目,而学生们都文风流畅,显示出令人赞赏的才能。但有一堂练习让他最为震惊。有一天,雅科托先生这样对学生们讲道:"各位小姐,你们知道,任一件人类作品中都有技艺;一台蒸汽机、一条裙子都是如此;一本文学作品、一只鞋子也都是如此。那么,你们来写一篇作文交给我,写一般意义上的艺术,你们要把你们的词汇、表达、想法联系到现在分配给你们的作者的一段话,而在写法上,你们要能对任一处作出解说或检验。"①

74

这时有人拿给弗鲁萨尔各类书籍,由他来分给某个学生一段《阿达莉》②,分给其他学生一章语法、一段博须埃、一节地理、拉克鲁瓦③算术中的除法,如此等等。这奇特的练习所涉及的事物相距甚远,而弗鲁萨尔很快就见到了练习结果。半个小时后,他又吃惊地发现,学生们在他眼皮底下写出的作文和即席的解说都很有质量。他最为赞叹的,是基于《阿达莉》的一段文字所展开的

75

① 弗鲁萨尔:《关于雅科托教学法致友人信》(*Lettre à ses amis au sujet de la méthode de M. Jacotot*),巴黎,1829 年,6 页。

② 《阿达莉》(*Athalie*),拉辛的悲剧,出版于 1691 年。——译注。

③ 拉克鲁瓦(Sylvestre-François Lacroix, 1765—1843),法国数学家,所著三卷本《微积分概论》曾有重要影响。——译注

“艺术”阐述,和一段对此的“解说”或“检验”,他认为,这可以媲美他听到过的最精彩的文学讲义。

这一天,弗鲁萨尔尤其理解了何谓**一切都在一切之中**。他早就知道雅科托先生是个惊人的教育家,也可以料想学生们受他指导而学成的素质,但他回去时,带上了更多的理解:鲁汶马塞利斯小姐的学校的学生们与格勒诺布尔的手套女工们有同样的智力,而最难承认的是,她们甚至与那些格勒诺布尔市郊的手套女工也有同样的智力。

第三章

平等者的理性

La raison des égaux

我们需要深入探索这些成果中的道理："我们指导孩子，是基于各智力皆平等的**主张**（opinion）。" 77

所谓**主张**，是什么意思？讲解人会说，这是我们从表面观察事实而形成的感觉，这种主张尤其容易进入大众的薄弱的头脑，它对立于学问，而后者才能认识现象中的真正道理。如果你愿意，我们可以教你些学问。

先等一等。我们向你承认，所谓主张并非真理。但我们感兴趣的是这一点：人若不认识真理，就会去寻找真理，而这条路径上会有很多相遇。唯一的错误，就是你把我们的主张当作真理。事实上，这种情况总在发生。但我们恰想用这件事来区分我们，我 78 们是另一些人，是那痴妄之人的信徒：我们认为，我们的主张仅限于主张，绝非更多。我们见到了某些事实，相信其中可能有这样的道理。我们做些别的实验，来检验这个主张是否牢靠，而你也可以这样做。而且，我们感到这套步骤似乎不是全新的。那些物理学家和化学家不也经常这样做吗？那时，人们就谈到科学假说与科学方法，语气也更尊重。

其实，尊重于我们无关紧要。我们只在乎事实：我们见到了某些孩子和成人，不靠教师讲解人，自己学会了读书、写作、演奏音乐或是讲外语。我们相信，这些事实可以解释为各智力皆平等。这是一个主张，有待我们的检验。当然，这有些困难。物理学家和化学家可以孤立某些物理现象，将其联系到其他现象。他们着手去制造他们假定的起因,从而再现之前观测到的结果。但这条路对我们行不通。我们永远不能说:取两个同样的智力,将它们置于某种状况。我们可以通过智力的各种结果来认识它,但不可能提取它、测定它。我们只能从这个主张出发去多次实验,但我们永远无以说出:各智力皆为平等。

79

事实如此。但我们的问题并不是去证明所有智力都是平等的。我们要做的是,去看在这个假设下人能做到什么。为此,我们只需要这个主张是可能的,就是说没有与此相反的真理被证明。

大脑与树叶

那些高等的心智说:恰好,相反的事实是显而易见的。所有智力都是不等的,这是所有人都能亲眼见证的。首先,自然之中,本来就没有两个一致的存在。你看这棵树的片片落叶。你感觉它们完全相同。你凑近看看,就知道你错了。在这一千枚树叶中,没有哪两枚是同样的。个体性,就是世界的法则。这条法则体现在植物中,岂能不更体现在这生命层级中远为上层的存在,即人类的智力中?**因此**,所有智力都是不同的。第二点,不论过去与未来,不论何处,各个存在都是不同等地适于各种智力之事,其中有博学者和无知者、明智的人和蠢笨的人、灵活的心智和迟钝的头脑。我们知道有人会对此怎么解释:差异源自各种环境、社会处境、家庭培育……那好,我们可以做个实验:我们找出两个

80

孩子,他们来自同一个环境,经历了同样的养育。找出一对兄弟,让他们读同一所学校,做同样的练习。我们会看到什么?他们一个比另一个成绩更好。所以说这里有内在的差异。这种差异就是说:其中一个人更聪明,更有天分,比另一个人更有本事。**因此**,你明显看到了智力是不平等的。

如何回应这种种**明证**?我们从这个开头说起:高等心智如此钟爱的树叶。我们可以如其所愿地承认,树叶是千变万化的。我们只想问:你怎么从树叶的差别,过渡到了智力的不平等?不平等,只是差异的某一种,而这一种差异并不见于树叶的例证。叶子是物质存在,而心智是非物质存在。将物质的属性推及精神的属性,岂非一种谬误?

81

事实上,现在这场上还有些粗暴的论敌:生理学家。他们之中最激进的人说,心智的属性,其实就是人类大脑的属性。而其中的主宰就是差异和不平等,这与人体所有其他器官的构造和运作是同理的。大脑有多重,智力就有多少。而这些是骨相学家、颅相术士最了解的:他们常说,这个人有天才的骨突,那个人没有数学的骨突。这些“突出”的人,尽可去检查他们那些凸起,对此严肃看待。事实上,我们可以设想这会导致怎样的唯物论。这种论调,言必称大脑,并将任何用于物质存在的说法用于大脑。于是对于他们,智力解放的提议,当然就只是怪异大脑的幻想,这类大脑,受到了某种古老而特别的心智疾病的侵害,而这就叫作忧郁症。在这种情况下,那些高等的心智,即高等的大脑,实际上就可以支配低等的大脑,就如同人可以支配动物。简而言之,如果情况如此,也就根本没有人来探讨智力的不平等了。高等大脑不必费力向低等大脑展示他们的高等,因为后者从定义上就无法理

解这些。他们只管统治后者就可以了。而且他们不会遇到任何
82 阻碍:他们智力的高等体现在事实中,与体质的高等同理。政治秩序中再也不需要什么法律、议会和政府,就像知性秩序中再也不需要什么教学、讲解和学院。

但实际情况并非如此。我们还是有政府和法律。我们还是有高等的心智想去教育和说服低等的心智。更奇怪的是,那些智力不平等的护道者中的绝大部分,并不信服那些生理学家,甚至嘲笑那些骨相学家。他们认为,他们自恃的高等并不能用后者的器具来测算。尽管那种唯物论简便地解释了他们的高等特质,但他们还有一说。他们的高等,是精神上的。他们是唯心论者(spiritualiste),这首先表现为他们对自己的积极看法。他们深信心灵是非物质的、不灭的。但这非物质的事物,怎能分出高低?这就是那些高等心智的矛盾。他们想要不灭的心灵、有别于物质的心智,也想要互有差异的智力。但只有物质才能造成差异。他们如果坚持不平等,就要接受那些脑部定位说;他们如果坚持精神原
83 则的统一,就要承认,是同样的智力,在不同的环境下应用于不同的物质对象。但是,那些高等心智既不想要止于物质的高等特质,也不想要让自身与低等者持平的精神特质。他们在推崇非物质性的同时,却要求物质的差异。他们是把颅相术士的骨突改换为天生的智力才赋。

不过他们清楚要害所在,也知道要向低等者有所出让,即便是暂时的。于是他们作了如此安排:他们说,所有人,都有非物质的心灵。这心灵让最卑微的人也能认识善与恶、良知与义务、上帝与审判这些终极真理。在这方面,所有人是平等的,我们甚至可以承认,卑微者甚至经常胜过我们。我们希望他们就此满

足，决不企求那些往往需要很多投资的知性能力，因为它们专属于那些负责守护社会普遍利益的人。而且不要告诉我们说，这些差异纯粹源于社会。你不妨看看这样两个孩子，他们来自同一个环境，受同一批教师培养。一个成才了，另一个没有。因此……

既然如此，那就让我们来看看你所说的孩子，以及这些**因此**。他们一个比另一个成绩好，这是一个**事实**。而你说，他成绩更好，是**因为**他更聪明，这就解释不通了。你是否想说第二个**事实**即为第一个事实的原因？假如生理学家发现他们中某个人的大脑更小或更轻，这还算一个事实，他或许可以使用**因此**。但你没有向我们出示更多事实。你说："他更聪明"，你只是总结某些概念来陈述那最初的事实。你给那个事实找来一个**名义**。但某个事实的**名义**并不是它的原因，最多是它的比喻。你一开始陈述事实时说："他成绩更好"，你又换个名义陈述它，断定"他更聪明"。但第二句并没有比第一句讲出更多内容。"你说这个人比另一个人成绩更好，是因为他有更多心智，这完全就是在说：他成绩更好是因为他成绩更好……有人说，这个年轻人更有**本事**（moyens）。我问他什么叫更有**本事**，他就又开始讲给我那两个孩子的故事；于是我心想，所谓**更有本事**，在法语里的意思就是我刚听到的全部事实；但这个说法根本无法解释那些事实。"①

84

所以，这个循环是跳不出去的。谁若要揭示不平等的起因，就只能纠结于那些头上的凸起，或陷入循环论证。用智力的不平

85

①《外语篇》，228－229页。

等来解释智力的不等展现,就像用“催眠效果”的拉丁语说法①来假装解释鸦片的作用。

投入关注的动物

我们知道,如果去辩解各智力皆平等,这也是循环论证。所以我们走向另一条路:我们只谈我们所见的;我们指出事实,不求给出它的原因。第一件事实是:“我见到,人做的某些事是别的动物不会做的。对这件事实,我随自己的喜好,叫它**心智**、**智力**(esprit, intelligence);我不作任何解释,我只命名我所见的事物。”②我同样能说,人是**有理性的动物**(animal raisonnable)。我用这个说法记录一件事实,即人掌握着一种表达语言,用它形成各种字词、形象、比较,从而将自己的思想传达给同类。第二点,当我在两个人之间作比较,“我就见到,在生命起初的时刻,他们绝对有同样的智力,就是说他们为了同样的目的,出于同样的动机,做着完全同样的事。我就说,这两个人有平等的智力,而**平等的智力**这个词,是概括性的表达,它汇集了我观察两个低龄孩子时所发现的所有事实”。

86

① 催眠效果(*virtus dormitiva*),典出莫里哀《无病呻吟》第三幕第十四场,讽刺的是一群学者解释鸦片的催眠效用时借此拉丁语说法蒙混过关。——译注

② 《外语篇》,229 页。

后来,我见到不同的事实。我观察到这两个智力不再做同样的事,不再得到同样的成果。如果我愿意,我可以说,他们一个比另一个的智力更发达,而我知道,我这样说也只是**陈述**一个新的事实。在此,我可以自由地作个假设。我不会说,他们有一个比另一个机能更低。我只去假设这项机能没有受到同等的操练。我没有任何确定的证据,但也没有任何反证。我只用知道,这种练习的不足是可能的,并且很多经验可以为此作证。因此我稍微改动那句循环论证:我不会说他不够聪明所以成绩不好。我要说他完成了不太好的劳动,因为他没有去好好做,没有去好好观察从而没有很好地发现。我要说他在他的劳动中投入了更少的关注。

到此,我可能没有太多进展,但已经足够从循环中跳出。关注,无关于头骨的凸起,也并非奥秘的品性。它是一件事实,在原则上是非物质的,在效果上是物质的:我们有千百种方式来检验它的存在、缺失和各等的集中度。它就是普遍教育法一切练习的方向。而且对人的关注互不平等的现象,我们可以通过经验而合理地找到某些可能原因。我们知道,幼年的孩子们是用十分类似的智力,去探索世界并学习语言。他们受到本能和需求的同等推动。他们几乎都要满足同样的需求,同样想要完全进入人类社会,进入这属于会讲话的存在的社会。为此,智力是不能放松的。“这个孩子,周围都是对自己讲话的对象,他们在同时讲着不同的语言;他必须对它们分别并且整体地学习;它们没有任何联系,并且经常互相抵触。他完全猜不透由自然在同时为他的眼睛、他的触觉、他的所有感官所呈现的那些成语。他必须经常复述,才能记住许多完全任意的字符。……要做到所有这些,他得投入多少

87

关注!”①

在他迈出这重要的一步后,需求不再那么紧迫,关注不再常备不懈,孩子就习惯于借助他人的见解来学习。随着环境变得多样,他从中发展出对应的知性能力。这些情况,对于民众也是一样。我们不用探讨他们“更少”的智力是源于天性还是社会:他们的智力发展,是根据生存需要和生存环境的要求。在需要终止时,智力就停下了,除非某个更强的意志告诉它:继续前进吧;去看你已经做的,你**能够**做到的,只要你运用之前那同样的智力,对每一件事投入同样的关注,不要偏离你自己的道路。

88

我们总结这些观察,就可以说:**人是操纵智力的意志**②。众多意志的急切是不等的,这**有可能**说明人的关注因此相异,从而有可能说明各个智力在表现上不平等。

人是操纵智力的意志。这个公式,来自长久的历史传统。圣朗贝尔在总结 18 世纪那些强大的心智③时说:**人是操纵智力的有生组织**。这个公式透露出唯物思想,而在波旁复辟的时代,反革命信徒、博纳尔德子爵④将此完全倒转。他宣称:**人是操纵各器官的智力**。这个逆转,造成了极为隐蔽的智力复辟。子爵

89

① 《母语篇》,199 页。

② 人是操纵智力的意志(l'homme est une volonté servie par une intelligence),可直译为“人是由单个智力所服役的单个意志”。——译注

③ 圣朗贝尔(Saint-Lambert, 1716—1803),法国(原洛林公国)哲学家、作家;“18 世纪那些强大的心智”即启蒙思想家。——译注

④ 博纳尔德子爵(vicomte de Bonald, 1754—1840),法国政治家、作家,法国大革命的反对者。——译注

之所以不满前一位哲学家的公式,并非因为人类的智力在其中太过次要。他本人并没有多么重视智力。相反,他不满的是共和模式让君王服务于共同性的组织。他想复辟传统的层级秩序:君王为主使,臣民为从属。他所推崇的智力,当然不是用于让孩子和工人去熟悉字符的世界;这种智力是神赋的智力,它早已限定在神为人指定的典则里,限定在一种语言里,而这种语言的来源,不是天性也不是人类技艺,是纯粹的神赋天资(don divin)。人类的意志,注定要服从这限定在典则和语言里以及各种社会机构中的已经展现的智力。

这种论调招致某种矛盾。博纳尔德强调社会的客观性、语言的客观性,否定启蒙运动的"个体主义"哲学,为此,他却只能借用同一种哲学里最"唯物"的说法。为了彻底否定先于语言的思想,为了夺走智力探究自身特有真理的一切权利,他只能跟某些人一样,把各种心智活动归为基于物质感受和语言符号的纯机械过程;他甚至讽刺地写道,希腊阿索斯山上有些修士,靠冥想自己肚脐的运动,就能得到神的启示。① 于是,18 世纪所寻求的、观念学研究所延续的、各种语言符号与各种对理解力的观念②的共有本性,被博纳尔德改头换面,用于推崇固有机构,将智力纳入神权政体论和社会政体论的背景。他写道:"人都是先思考他的所讲,再

90

---

① 博纳尔德:《对道德认识的最初诸对象的哲学探究》(Bonald, *Recherches philosophiques sur les premiers objets des connaissances morales*),巴黎,1818 年,第一卷,67 页。

② 18 世纪的"各种对理解力的观念",最显著的例子就是康德在 1781 年发表的《纯粹理性批判》中对"理解力"(entendement)的思考。——译注

讲出他的思想。”①这种语言唯物论,却遮掩不了它背后的虔信思想:“社会,是社会秩序的各项基本真理的神圣积淀的忠实而永久的守护者,一般看来,它将这种认识给予它所有的孩子,迎接他们走进这个大家庭。”②

面对这些顽固的想法,有一支笔在这一页上愤然批注道:“这整段的错误百出的空话,正可对比先知所答的那句苏格拉底因无知才最聪明。”③写下这句话的不是雅科托,而是博纳尔德先生的议员同僚、授勋骑士的曼恩·德·比朗,而后者在下文的两句话,彻底颠覆了博纳尔德的架构:坚持语言符号在先,这并不改变智力活动的优先,而每个人类儿童都是通过这种智力活动获知意义:“人学习说话,仅是通过把想法联系到哺育者教给他的词。”这里的巧合,难免让人惊讶。我们一开始看不出是什么联系着德·比朗与雅科托,一个路易十六禁卫军前任中尉与一个共和元年革命军前任上尉,一个当政要员与一个核心院校的教授,一个君主制的议会议员与一个流亡的革命派。我们最多会想到,他们在法

91

---

① 博纳尔德:《唯从理性出发刍议原初法则》(Bonald, *Législation primitive considérée dans les premiers temps par les seules lumières de la raison*),《全集》第一卷,巴黎,1859 年,1161 页。

② 《哲学探究》,105 页。

③ 曼恩·德·比朗:《论博纳尔德先生的〈哲学探究〉》(« Les Recherches philosophiques de M. de Bonald »),《全集》第十二卷,巴黎,1939 年,252 页。此句典出柏拉图《申辩篇》,其中苏格拉底自述道,他听先知说没有人比苏格拉底更聪明,就抱着无知的姿态去向那些聪明人查证,随之发现其他人只是冒充聪明,结果证明神谕正是说他凭借自知无知这一点才最聪明,此处用作贬义,见:《申辩篇》,21a—22e。——译注

国大革命初期都已有20岁,都在25岁时离开了巴黎的喧嚣,都在远方长久地思索,在这个动荡不止的时局中,那关于苏格拉底的古训可以发挥或重拾怎样的意义和功效。雅科托看待它的方式像是伦理作家①,而德·比朗的方式则像形而上学者。不过,他们都肯定思想优先于语言符号,这是出于一个共同视角:他们的思想形成在同一个分析性的、观念学的传统语境中。而在他们这时,他们不再借助各种语言符号与各种对理解力的观念之间的透明对应,来求得自我认识与理性之力。人们的意愿变得任意,或支持革命,或拥护王权,这完全遮蔽了昨天的理性所憧憬的各种良性语言(langues bien faites)的理想境地。而思想的确定性,也在共和派或神权政体派等不同的言论倾向下,无以坚持语言的各种透明性。思想转而探索自身的特有活动,探索心智的张力,而这种张力先于并主导任何字符组合。意志,是这个革命与保皇时代的神,而它通过每个人对自身的努力、通过心智对行动的自主决定,找回了合理性。智力是关注和探究,其次才是各种观念的组合。意志是形成自我运动的力量,是依照自身**特有的**运动去行动的力量,其次才是作出选择的机关。

92

---

① 伦理作家(moraliste),尤其指法国18世纪之前的一些著名思想家,他们思考社会风习,探讨人的共处方式,比如帕斯卡尔、蒙田与拉封丹。伦理作家往往创作格言、随笔、寓言,不同于单纯宣扬道德的"道德家"(moralisateur)。——译注

操纵智力的意志

这种根本的逆转,反映在人的定义的再次逆转中:人是**操纵**
93 **智力**的意志。意志是理性之力,而我们必须让这种力量摆脱**观念派**和**实物派**①的论争。从这个意义上,我们也必须明确笛卡尔的**我思**中的平等。笛卡尔的思考主体,他要认识自己,只能靠隔绝全部的感觉和身体,而相对于他,有一个新的思考主体,他认识自己是通过他对自己和其他身体的行动。雅科托正是如此,从普遍教育法的原则出发,对笛卡尔著名的蜂蜡论证②作了自己的**翻译**:"我想要看,就看到了。我想要听,就听到了。我想要触摸,我的手就伸出去、抚过物体表面或探入物体内部;我的手张开、平铺、

① 观念派(idéiste)和实物派(chosiste),指两种不同的哲学倾向,词根分别是"观念"(idée)和"物"(chose)。顾名思义,前者认为精神所思考的一切限于观念,无关于物本身;后者认为精神所思考的是实物,甚至观念本身也是实在的。例如洛克和康德可以被归为观念派,笛卡尔则可以被看作实物派。总之这两种倾向并非严格的定义。——译注

② 笛卡尔的蜂蜡论证,是指笛卡尔以蜂蜡为例,提出蜂蜡变形或不再存在时并不影响人对它的认识,从而证明人的认识源于自身:"我们不是由于看见了它(蜂蜡),或者我们摸到了它才认识它,而只是由于我们用思维领会它,那么显然我认识了没有什么对我来说比我的精神更容易认识的东西了。"见:笛卡尔:《第一哲学沉思集》,《第二个沉思》,庞景仁译,北京:商务印书馆,1986 年,29-33 页。——译注

前伸、握起，我的手指分开或并拢，都是服从我的意志。在这触摸的动作中，我只认识到我想去触摸的意志。这个意志，并不是我的手臂、我的手、我的大脑，也并不是这触摸。这个意志，就是我，是我的心灵，是我的力量，是我的机能。我能感到这个意志，它存在于我，它就是我本身；而关于我是以什么方式去服从的，我并不能感到，我只能通过我的行动而认识到。……我认为观念的构成就像这触摸。我如果愿意，就可以接收各种感觉，我命令我的各个感官将它们带来。我产生各种观念，是因为我想要，是因为我命令我的智力对它们寻找、探索。手和智力，是各有分工的仆从。人，就是操纵智力的意志。"① 94

我产生各种观念，是因为我想要。笛卡尔也清楚意志的力量胜过理解力，但认为意志之力是错误之力，是犯错的原因：它在观念不够清晰可辨的时候急于去**肯定**。但我们需要反过来看，是意志的缺失，才导致了智力犯错。心智的原罪，不是急切，而是分心（distraction），是心不在焉。"人没有意志和反思地去行动，就无法产生智力活动。如此得出的结果，不能列入智力的各种产物，也不能与它们作出比较。在这种无活动之中，我们无法看到活动的多与少；其中什么也没有。痴呆不是一种机能，它是这种机能的不在、沉睡或其休止。"②

智力的活动，就是去看和去比较它的发现。它先是偶然地看，然后它必须努力重复、创造条件，从而再次去看到它的发现，

---

①《智力解放月刊》，第四辑，1836—1837年，430-431页。

②《普遍教育法：法律与全一哲学篇》（*Enseignement universel. Droit et philosophie panécastique*），巴黎，1838年，278页（下简称《法哲篇》）。

去看类似的事实，去看哪些事实可能是它的发现的成因。它也必[95]须形成一些字词、语句、形象，以此告诉别人自己的发现。总之，尽管那些天才不愿承认，但最常见的智力练习，正是重复。而重复令人厌倦。最基本的恶习，就是懒惰。人易于心不在焉、只看一半、去说并没有见到的、去说自以为见到的。这正如那些没有用心的句子、那些**因此**，它们没有转达任何智力的历程。这类句子的一例，就是“我做不到”。“我做不到”这种名义不对应任何事实，这种论调不能对应心智中发生的一切。确切地说，这句话是讲不出任何意义的。言说的满盈或空洞，取决于意志去约束或放松智力的进行。意义是意志的成果。而这些，正是普遍教育法的秘密。这些也是那些所谓天才的秘密：坚持不懈的劳动，让身体服从必要的习惯，从而让智力带来新观念和对其表达的新方式，从而有目的地复制那偶然曾带来的，并将不利的状况转变为成功的可能：“这一点对演说家和孩子都是成立的。他们在议会中养成自己，就像我们在生活中养成自己。……有人在近一次议程中偶然引人发笑失了体面，他就可以学习怎样总能使人发笑，[96]这只要他愿意，只要他去钻研是怎样的关联总是引发那些扰乱他、让他讲不下去的哄笑。这就是德摩斯梯尼的起点。后来，他就能不经意地使人发笑，并学会了这样激起听众反对埃斯基涅斯①的阵阵雷动。而德摩斯梯尼毫不懒惰。他不可能是懒惰的。”②

一个人能做到一切他所想要的，这又是普遍教育法的声明。

---

① 埃斯基涅斯（Eschine，前390—前314），古希腊政治家、演说家，曾屡次被德摩斯梯尼论败。——译注

② 《母语篇》，330页。

但我们不能误解所谓**想要**的意思。普遍教育法并不是把成功的钥匙交给敢为者，让他们去探索意志的神奇力量。最有害的，就是那样去展销解放的思想。某些学生打起“**想要就能做到**”[①]的旗号开办学校，让老师雅科托颇感气愤。唯一珍贵的旗号，是各智力皆平等。普遍教育法不是让人乱来的方法。的确，某些野心家和求胜者为它作出了粗暴的阐释。他们迷恋这个永不穷竭的观念之源，很快从中学会了如何不懂专门学问而去正确地指导那些将领、学者、银行家。但我们感兴趣的，不是这戏剧化的结果。那些野心家虽然得到了知性力量，认为自己比任何人都不低等，但在认为自己比别人高等时又丢掉了它。我们感兴趣的，是去探索任何人在认为自己与其他所有人同等时、其他所有人与自己同等时所具有的诸多力量。我们认为，所谓意志，就是理性存在认识到自身在行动而回归自我。这里才是理性的源头，可以意识到并认可自我是在行动的理性存在，如此滋养着智力的运动。理性存在[②]就是这样的存在，他首先认识到自身的力量，并且对此不会欺瞒自己。

97

① “想要就能做到”，原文写作“Qui veut peut”。——译注

② “理性存在”（être raisonnable）或下文中“理性的人”（homme raisonnable）这个提法，据著者所言，源自笛卡尔和某些启蒙思想家的思想传统。理性的人，不是追求一个合理化的体系，而是坚持一种态度，即把理性看作一种建立人与人、智力与智力间关系的方式。这种态度不同于通常的态度，不会把人和事物分作“理智的”“合理的”（rationnel）或“不理智的”“不合理的”（irrationnel）。——译注

真诚的原则

有两种根本的欺瞒:一是声称“我说的是真理”,一是断定“我不懂怎么说”。那回归自我的理性存在,知道这两种意见的空洞。最基本的事实是,人不可能无视自己。一个人不可能欺骗自己,只可能忘掉自己。“我做不到”就是忘掉自己的一句话,它让一个理性的人从此隐藏。但在意识和行动之间,没有任何恶意的精灵①可以插足。我们需要逆转苏格拉底的格言。他说:“谁的恶都不是有意的。”②我们反过来说:“所有的愚昧都出自恶习。”③人犯错都是因为恶意,即懒惰,不愿再听他作为一个理性存在该对自己所说的。恶的原理,不在于有了错误认识,不再以善为行动目的。它在于对自己不诚实。**认识你自己**,这不再是柏拉图的意思,即要知道你的善在哪里。这句话是说:回到你自己,回到你自身中那不会骗你的事物。你的无力,只是懒于前进。

98

---

① “恶意的精灵”(malin génie)来自笛卡尔的著名论说,他提出可能有一个恶意的精灵(mauvais génie,中译本作“妖怪”)欺骗自己通过各种感知而相信外界事物的真实,为此他决定保持怀疑,探索内在。此处当然不是为了深入笛卡尔的思考,只强调欺骗的失效。见:《第一哲学沉思录》,《第一个沉思》,同前,20 页。——译注

② “谁的恶都不是有意的”(Nul n'est méchant volontairement),或“没有谁有意去行恶”,见柏拉图:《高尔吉亚篇》,466a-468e。——译注

③ 《母语篇》,33 页。

你的谦逊,只是高傲地担心在别人面前跌倒。跌倒并没有什么,但恶源于胡诌、脱离自己的路径、不再关注自己所说、忘掉自身所是。所以,你要走**你的**路。

这条**真诚**(véracité)的原则,是解放实验的核心。它不是任何学问的密钥,但它是每个人与真理的特有联系,将每个人带向他自己的路,带向他作为探究者的轨道。它是认识之力的道德根基。而这认识之力本身的伦理基础,也是一种时代的思想、对革命派和保皇派经验的一种思索成果。但这个时代的大部分思想家与雅科托的看法相反。对他们来说,真理带来知性的认可,是团结人们的纽带。是真理就能产生聚集,而谬误造成分裂和隔绝。社会、社会的机构、社会所追求的目标,这些定义了一个人的意愿,让人必须依从这种意愿产生恰当的意识。神权政论者博纳尔德的想法就是这样,除他之外还有社会主义者比谢、实证主义者奥古斯特·孔德[①]。这些折中主义者,强调常识以及哲人和鞋匠等每个人心里都有的根本真理,没有那么偏激。但这些人所关注的,都是集结。而雅科托与此绝不相同。如果有人愿意,那么他尽管去说真理使人聚集。然而让"人"聚集起来的,让他们团结起来的,是集结的反面。我们先要排除的,是让思想者在后革命时代封闭起来的那社会的水泥砂浆。人们之所以团结,是因为他们是人,即**互有距离**的存在。语言不能团结他们。反而,是语言的任意,迫使他们去翻译,让他们交流各种成果,也让他们组成智

99

---

① 比谢(Philippe Buchez, 1796—1865),法国学者,圣西门主义者,其学说曾促成了一个工人团体;奥古斯特·孔德(Auguste Comte, 1798—1857),曾是圣西门的同道者,创建了实证主义学说,强调从实际经验中求知。——译注

力的共同体:人这种存在,最清楚讲话的人是不是真懂得自己所讲。

真理根本不能集结众人。它不会把自己交给人们。它独立于我们,也不会听从我们零碎的字句。“真理是独自存在的;它是所是的,不是所说的。说取决于人;但真理不取决于人。”①不

100 过它跟我们没有远隔,而我们也没有流亡在它的境外。**真诚**的经验,将我们系于它不在的中心,让我们围绕它的源头而旋回。首先,我们能够看到和展示真理。所以说,“我教了我所不知的”就是一条真理。这是一个名义,属于一个事实,它存在过,也可以复制。至于这件事实的原因,它目前仅是一个主张,并且可能永远如此。但是,我们可以靠这个主张,围绕真理而旋回,从事实来到事实,从关联来到关联,从语句来到语句。最根本的是,我们不去欺瞒,不在我们没有睁眼时说我们看到了,不讲述我们所见之外的事,不在我们仅仅指名什么时自认为解释了什么。

所以说,我们每个人都围绕真理描出自己的抛物线。没有哪两条轨道是相同的。而正因此,那些讲解人给我们的革命带来危险。“人的概念所画出的各条轨道很少互相切断,只有一些交点。而它们描出的线一旦重合,就一定会产生扰乱,这会废止自由,从而废止源于自由的智力运用。学生会感到,这条他刚被领入的路径,是他凭自己无法走过的;他会忘掉,那各个智力空间里,本来

101 有千百条小径开放给他的意志。”②这轨道的重合,就是我们所说

① 《智力解放月刊》,第四辑,1836—1837 年,187 页。

② 《法哲篇》,42 页。

的钝化。我们可以理解,为什么钝化是深刻的,正如这里的重合是巧妙而隐秘的。在这个意义上,苏格拉底的方法尽管十分近似于普遍教育法,却是最有害的一种钝化。苏格拉底的问话方法,表面是将学生导向学生自身的认识,其实是种驯马师的方法:“他指挥着各种连接动作、正步、倒步。而他自己,保持着指挥的静肃和威严,指导心智演出马术。这个心智绕来绕去,到达一个目标,而这是他在开始时甚至无法瞥见的。他因此而惊奇,他回过头去,看到了他的向导,那惊奇变成仰慕,而正是这仰慕让人钝化。学生会感到,他如果只靠自己、被丢下不管,就不能走过这条路径。”①

但他所做的一切与真理无关,因为他不在专属自己的轨道上。然而我们希望没有人会去夸耀这种独特,又去宣称:“吾爱吾师,吾更爱真理!”②这是一句戏剧化的台词。如此高喊的亚里士多德,其做法并没有与老师柏拉图不同。他跟柏拉图一样讲述自己的主张,记叙自己的各段智力历程,沿自己的路径收获一些真理。至于真理,它并不取决于自称真理之友的哲学家们,它只与自己为友。 102

---

①《法哲篇》,41 页。

② 原文为著名的拉丁格言:“柏拉图是我友,但真理更是我友。”(*Amicus Plato, sed magis amica veritas.*)——译注

理性和语言

真理不会讲出自己。真理是一体的,而语言是零碎的。真理是必然的,而语言是任意的。语言任意性的这个论题,甚至在被普遍教育法提出之前,早已把雅科托的课程变成了众矢之的。雅科托为鲁汶的就职课程所定的主题,沿自18世纪的狄德罗、巴特神父①的问题:句子的"直接"结构②将名词置于动词和表语之前,这是自然的结构吗?法语作者们是否有权利认为这种结构标志着法语的智力优越性?雅科托对此一举否定。相对于狄德罗,他认为"逆反"语序比起所谓的自然语序同样自然,也许要更自然,他坚持情感语言要早于分析语言。而他尤其反对的是这种观念本身:自然语序和由此建立的层级。所有的语言,都是同等的任意。不存在一种代表着智力的语言,不存在一种语言比其他的更普遍。

103

很快便有人予以回应。布鲁塞尔的文艺评论《比利时观察家》随后一期中,有个年轻哲学家范·梅内恩③,批评他的论说是

① 巴特(Charles Batteux, 1713—1780),法国作家、美学家。——译注

② "直接"结构(construction « directe »),即法语常用的语序,多与英语相反。——译注

③ 范·梅内恩(Van Meenen, 1772—1858),哲学家,曾任比利时国会议员。——译注

为寡头政治充当理论保障。五年后，随着雅科托出版《母语篇》，范·梅内恩熟识的一个法学家，虽去听过甚至出版过雅科托的课程，但也生出怒火。这位让·西尔万·范·德·维尔[1]在《关于雅科托先生著作的随笔》中责难道，在有过培根、霍布斯、洛克、哈里斯、孔狄拉克、迪马赛[2]、卢梭、德斯蒂·德·特拉西、博纳尔德之后，这个法语教员竟敢反而坚持思想先于语言。

这些年轻气盛的人站在反对立场，并不难理解。他们代表着当时新兴的比利时，它在精神上爱国、自由、亲法，正对荷兰发起知性的反叛。对于他们而言，推翻各门语言的层级和法语的普遍性，就等于推崇寡头统治下的荷兰语，而这门语言，是属于少数人的落后语言，不够开化，也是权力的隐秘来源。继他们之后，《默兹邮报》[3]指摘道，"雅科托教学法"应运而生，是为廉价推广荷兰语与荷兰文明，并对文明一词打着引号。但这些只是表面。这些青年在捍卫比利时身份和法国知性故土之前，也已经读过了博纳

104

---

① 让·西尔万·范·德·维尔（Jean Sylvain Van de Weyer, 1802—1874），政治家，曾任比利时首相；《关于雅科托先生著作的随笔》（*Essai sur le livre de Monsieur Jacotot*）出版于 1823 年。——译注

② 培根（Francis Bacon, 1561—1626），英国经验主义哲学家；霍布斯（Thomas Hobbes, 1588—1679），英国哲学家，创立了机械唯物论，著有《利维坦》等；洛克（John Locke, 1632—1704），英国经验主义哲学家，著有《政府论》等；哈里斯（James Harris, 1709—1780），英国语法学家；孔狄拉克（Condillac, 1714—1780），法国经验主义哲学家；迪马赛（Dumarsais, 1676—1756），法国哲学家、语法学家。——译注

③ 《默兹邮报》（*Courrier de la Meuse*），法语报纸，流通于荷兰南部城市马斯特里赫特。当地在 19 世纪初的荷兰法统时期通行法语。——译注

尔德的《哲学探究》①。他们从中得到一个基本观念:语言法则、社会法则、思想法则是可类比的,它们在神赋的法则中是原则统一的。当然,他们没有接受博纳尔德子爵的哲学和政治立意。他们想要的,是发自国民的君主立宪政体,他们希望心智在其中自由地去重新发现那些由神铭刻在每个人心中的关于形而上、道德、社会的根本真理。他们的哲学明星,是巴黎的年轻教授维克托·库赞②。在他们看来,雅科托论称各门语言都是任意的,就让非合理性(irrationalité)进入交流的核心,阻碍哲人的思索交融于民众的常识以致真知的路。他们发现,这位鲁汶外教的矛盾延续着某些哲人的恶习,因为这些人"屡屡以成见为名,在抨击他人时混淆这两者:他们从自己身边发现其萌芽的致命错误,以及他们得自同一源头的根本真理,这是因为,那真知对他们始终藏于深105层,无缘于论证的手术刀和形而上学的繁复辞藻的显微镜。而对那深层,他们早就忘记如何潜入,如何只凭直率的感觉和淳朴的心的启示来指引自己到达"③。

而事实是,雅科托并不想**回头去学**这种下潜。他**听不懂**这一连串出自直率的感觉和淳朴的心的句子。他根本不想要这畏怯的自由,因为它只能依靠思想法则同语言和社会法则的对应才能

---

① 关于博纳尔德与《哲学探究》,见68-70页。——译注

② 维克托·库赞(Victor Cousin, 1792—1867),法国唯心论哲学家、政治家,曾任法兰西学院院士、公共教育部部长,在哲学论述中推崇根本的神性。——译注

③《比利时观察家》(*L'Observateur belge*),1818年,第十六辑,总第426期,142-143页。

保全。自由不会因任何先存的协调得以保全。自由的获取、博得、丧失,只在于每个人的努力。而且并没有什么理性,是已经确切地写在语言结构和城邦法则里。语言的法则与理性毫无联系,而城邦的法则与反理性有完全的联系。如果说有神赋法则,那么,只有思想自身,以它保有的真诚,才能作其唯一的见证。人之所以思考,并不是**因为**他讲话,如果那样认为,恰是让思想服从现存的实质秩序。人思考,是因为他存在。

人其余要做的,就是说出思想、将它在各种成果中展现、传达给其他可以思考的存在。为此,思想需要经由那充斥任意语意的语言。但这并不构成交流的障碍。只有那些懒惰者,会惧怕这个任意的概念,将此看作理性的终点。与其相反,正是因为没有神授的典则、没有语言之语言,人类智力才能够运用它所有的技艺,去让人理解自己、去理解邻人的智力对自己表示了什么。思想不是**在真理中**讲出,而是**在真诚中**表达。思想把自身分给、讲给、翻译给另一个人,而他从此作出另一段讲述、另一种翻译,这其中只有一个条件:人只要有交流的意志,用意志去**猜出**别人思考了什么,并且不要假借任何通用的词典,在别人的讲述之外从任何地方去断定对他的理解。意志去猜出意志。正是这共有的努力,解释了这个定义,即人是**操纵智力的意志**。"我思考,而后我想讲述我的思想,我的智力马上就发挥技艺,运用随意的一些符号,将它们组合、构造、分析,而这就产生了一种表达、一个形象、一件物质的事实,于是,这对于我,就是一个思想,亦即一件非物质事实的画像。这幅画像可以提醒我,让我每次看到它,就会想起我的思想。所以,我如果想要,就可以跟自己讲话。而有一天,我发现我要面对另一个人,我向他重复我的动作和言说,那么,他如果愿

106

107

意,就能来猜出我的意思。……但我们不能在言说中约定言说的语意。一个人讲述,另一个人猜测,仅此而已。这种意志的协作,带来了对两个人同时可见的一个思想。首先,思想对一个人非物质地存在着,然后,这个人把思想讲给自己,对它赋予一个适应耳与眼的形式,最后他想让这个形式、这个物质的存在,去为另一个人重现那最初的同一个思想。这些创作,或可以说,这些变形,是两个意志互助的结果。这是让思想变成言说,再让这段言说或这个词变回思想;一个观念转为物质,这个物质又转为观念,这些都是意志产生的结果。思想借言说的翅膀,从一个心智飞向另一个心智。每个发出的词都有用意,带有单独的一个思想,而且,这段话、这个词,不需要讲话者的知情,不论他怎么做,它就像一个幼体,靠听者的意志得到养分;而一个单体①的代表人,就成了一个发射源,将围绕自身的各个观念发去所有方向,以至于,那言说者不仅说出了他想说的,也真正地说出了无限多的其他事物;他用笔墨为一个观念塑造了身体,而这个实质,神秘地封存着一个单独的非物质存在,其中真正地含有一个属于这类存在、这些思想的世界。”②

108

现在,我们也许更能理解普遍教育法屡创奇迹的道理:它的动力,仅仅是两个理性存在参与任何交流情形的动力。两个无知者面对不懂的书,他们之间的关系,仅仅是极致化了一种努力,这种努力,存在于将思想转为词语和将词语转为思想的任何翻译和

① 单体(monade),在哲学上即莱布尼茨的“单子”概念,此处仅指个体。——译注

②《法哲篇》,11-13 页。

反译(traduire et contre-traduire)。意志作出这种操作,并不用魔术的花招。意志,就是想去理解和被理解的欲求,没有它,就没有人能对语言的实质赋予意义。我们需要知道什么是真正的理解:它不是揭开事物纱幕的微薄力量,而是一个言说者借以面对另一个言说者的翻译之力。正是这种力量,让"无知者"从"无声"的书中发现属于自己的秘密。与《斐德罗篇》的教诲相反,我们并没有两种言语,其一种失去了"自我援护"的力量,从而只能永远呆滞地讲同一件事。① 任何言说,无论是讲话还是文字,都是一种翻译,它可以产生意义,只在于反译,在于人去为听到的语音和读到的字迹探索各种可能的原因:这个意志,在所有迹象中猜测,以求查明另一个理性动物把他也看作拥有心灵的理性动物时对他说了什么。

现在,我们或许也更能理解那众矢之的,理解为什么人们反对把讲述和猜测看作智力的两项主要操作。当然,那些能够道破真理的人和高等的心智自有别的方式来将心智转为物质、将物质转为心智。我们也理解他们要对凡人讳莫如深。但他们与所有的理性存在一样,只能依靠这种言说所做的运动,让它在真理和人的意识之间建立并维持距离,而这个意识,它想与其他的意识交流,检验自己与它们是否相似。"人只能去感受和保持沉默,或者,他如果想说,就要不停地说,因为他刚说的总是或多或少需要改动。……因为不管有人对此(他刚说的话)说些什么,他都需要赶紧补充:我说的这个并不是那样;而由于改动并

---

① 指柏拉图把言语分为言谈和写作,推崇前者,贬斥后者,因为后者写在纸上,脱离了言说者,不能为自己辩护。见:《斐德罗篇》,275e。——译注

不比最初的话更完整,他要在这潮汐往复中采用的方式,就是永久的即兴演讲。"①

110 人们知道,即兴演讲是普遍教育法的一项典型练习。而它也是对我们的智力的首要品质的练习,这就是**诗性**的品质(vertu poétique)。我们不可能**讲出**真理,但在我们**感到**它的时候,那种不可能性就让我们作为诗人去讲,讲述我们的心智的各段历险,检验这些历险是否为其他探险者所理解,传达我们的感受并让其他能感受的存在对其共享。借助即兴演讲的练习,人类存在就可以依据自身作为理性存在的天性去认识并肯定自己,去做这样的动物:"他创作出各种字词、形象、比较,去向他的同类讲述他所想的"②。我们的智力的品质,与其是知,更在于做。"知并无所谓,**做**才是一切。"这里的做,本质就是交流活动。为此,"**讲**就是最好的证明,证实人有做任何事的能力"③。在讲的活动中,人不是传授他的知识,他是作诗,是翻译并请别人一样去做。他是像**工匠**一样去交流:他操作字词,就像操作工具。人与人交流,要通过亲手做出的成果,正如通过自己的言语中的字词:"人对物质做出行
111 动时,他的身体所做的历险就讲出他的心智历险的故事。"④而工匠的解放,首先就是重建这个故事,并且意识到他的物质活动在本性上同于他的言语。他是作为**诗人**去交流:这个存在相信自己的思想能被传达,自己的情感能被分享。正是因此,按照普遍教

① 《法哲篇》,231 页。

② 《音乐篇》,163 页。

③ 《音乐篇》,314 页。

④ 《法哲篇》,91 页。

育法的逻辑,言说的操练以及把一切成果看作言语的这种观念,是任何学习的先决条件。工匠必须**去讲**他的成果才能自我解放;学生必须去讲他想学习的技艺。“去讲人们的各种成果,这就是认识人类技艺的方式。”①

我也是画家!

从此就有了那奇特的方法,而创始人将它付诸不少痴妄之举,包括教授素描和绘画。他先让学生去讲自己想要再现的内容。比如,他可以临摹一张素描。在学生开始去画自己的作品之前,我们不能给他讲解该用什么方法,那是有害的。我们知道其中的道理:那样做可能让孩子感到自己缺乏能力。于是,我们相信这个孩子有意志去模仿。而对这个意志,我们还要**检验**。我们在他拿起画笔的几天之前,给他一张素描,让他去看,用讲述的方式来形容它。最初他可能讲不出什么,比如只会说:“这张脸画得好。”不过我们要重复这项练习,给他同一幅肖像,让他继续看、重新讲,但不能重复他已经说过的。这样他就更投入关注,更意识到自己的能力、自己能去模仿。我们知道这种结果的原因,它绝非来自视觉记忆和姿态矫正。通过这项练习,孩子**检验**出绘画就是一门语言,并且那张他要模仿的画会对他**说话与表达**。随后,我们带他去看一幅画作,比如普桑再现福基翁下

112

① 《音乐篇》,347 页。

葬的那幅画①,让他即兴演说画作给人的**整体感觉**(unité de sentiment)。而鉴赏家肯定会于此震怒。你怎能声称自己知道普桑曾想在画里画些什么?而你所设想的这套绘画论,与普桑的绘画技艺、与学生要学的技艺又有何干系?

我们的回答是,我们并不声称我们知道普桑曾想做什么。我们的练习,仅是为了想象他可能曾经想做什么。这样,我们就检验出人的任何**去做的意愿**都是**去说的意愿**,而这种说的意愿,是要说给任一个理性存在。总之,我们检验出的是**画亦如诗**,这一点,是文艺复兴的画家们逆用了贺拉斯的格言②而提出的,而这并不是艺术家才有的认识:绘画,就像雕塑、版画以及其他任何艺术,都是一种语言,对它,任何人只要有智力使用自己的语言,就都能理解和讲出。我们知道,在艺术方面,"我做不到"常常被说成"这对我无所可说"。而让人去检验"整体感觉",就是去检验作品中的说的意愿,所以,这种检验就是给自称"不懂"绘画者的解放方法,它完全等于用书来检验各智力皆平等。

113

当然,单纯如此并不足以画出杰作。那些参观者虽然欣赏雅科托学生们的文学创作,但是对他们的素描和绘画却常常皱

① 这幅画是指普桑的油画《风景与福基翁的出殡》(*Paysage avec les funérailles de Phocion*),作于1648年。普桑(Nicolas Poussin, 1594—1665)是法国古典主义画家;画作表现了古希腊的雅典政治家福基翁(Phocion,前402—前318)因被诬陷通敌,被处死并且不能安葬城内,所以尸体被两人抬出城外,无人送葬。——译注

② "画亦如诗"(*ut poesis pictura*),逆转了贺拉斯《诗艺》中的名言"诗亦如画"(*ut pictura poesis*)。——译注

起眉头。不过这里的关键，不是培养伟大画家，而是培养被解放者，让这些人能说出**我也是画家**①。这句话里绝不含高傲，却含有任何理性存在对自身力量的正当感觉。“我们可以不高傲地大声说：我也可以，我也是画家！而高傲就在于小声告诉别人：你也不行，你不是画家。”②**我也是画家**的意思是：我也有一个心灵，我也有感受要传达给我的同类。普遍教育所用的方法，一致于它的伦理：“在普遍教育法中，我们要说，所有拥有心灵的人都是天生而有心灵。在普遍教育法中，我们相信，人能感到快乐与痛苦，而且知道自己是在哪个时候、以何种方式、在哪些情形下经历了这种痛苦或这种快乐。……不仅如此，人知道还有与自己类似的其他存在，并且可以向他们传达自己所经历的感受，他只需要把这些感受置入自己得以经历痛苦与快乐的那些情形。他只要认识到感动了自己的是什么，就能自我练习去感动别人，他只需要钻研怎样去选择和运用传达方式。这是他必须学习的一门语言。”③

114

① “我也是画家”（Moi aussi, je suis peintre！）是一句名言，原为意大利画家科雷乔（Correggio）见到拉斐尔画作时信心振奋的感言，其另一著名引用见于孟德斯鸠《论法的精神》序言结语。——译注

② 《母语篇》，149 页。

③ 《音乐篇》，322 页。

诗人们的教诲

人必须要**学习**。所有人都共有这种能力,以其经历快乐和痛苦。但这相互的类似,对每个人而言,是要去检验的潜质。人若要建立这种相似,就要走过不相似的漫长之路。我必须检验我的思想中的理性、我的感受中的人性,但为此,我只能随它们去旅历各种符号的森林,而这些符号本身没有**意愿**去说什么,与思想和感受没有任何契合。人们随布瓦洛说,人如果对什么深有领会,就能把什么讲得明白。① 但这句话其实毫无意义。它跟很多句子一样,从思想悄然过渡到物质,但根本没有涉及智力的历程。深有领会,这是理性之人的本性。讲得明白,则是工匠的成果,缘于他将语言用作工具。确实,理性的人能够做到任何事,但他要学习特定的语言,才能去做他想做的每一件事:做鞋、制造机械、作诗。例如,你可以去看这位慈爱的母亲,她见到长期从军的儿子终于退伍还乡。她感到一阵激动,以至于说不出话。但是,"那一次次长久的拥抱,那一次次的紧拥,带着一种沉浸于幸福时刻而难以平静的爱,一种唯恐再次分离的爱;那眼中,是喜悦在泪水中闪耀;那嘴角,是在笑,像要翻译那哭泣的含糊语言,还有那一次

115

① 原话是:"你心里想得透彻,你的话自然明白。"见:布瓦洛:《诗的艺术》(修订本),任典(范希衡)译,北京:人民文学出版社,2009 年,12 页。——译注

次亲吻,一次次注视,那样的姿势,一次次叹气,甚至是那沉默"①,这整场简短的**即兴演出**,岂不就是最雄辩的诗?你能感到其中的感情。然而你要尽力去将它传达:这些观念和情感瞬时发生,互有抵触又有无穷的细节,而你必须转达这个瞬间,让它去旅历字词和语句的密林。而且这不能凭空编造。因为你需要设立的是第三者,它位于这个思想的个体性与共同的语言之间。这关系到另一种语言,而作为它的创造者,怎样做才能被人理解?我们还要去学习,去书里寻找作此表达的工具。但我们不用读语法学家的书:他们完全无视这样的旅历。我们也不用读演说家的书:他们所求的不是让人**猜测**,而是让人**听讲**。他们根本不想说什么,只想去指使:联结多个智力,说服多个意志,促成行动。我们的学习对象,必须是这样的人:他们曾经劳作于情感与表达之间、无声的感情语言与任意的文字语言之间的间隙,他们曾经致力于让人听到心灵与自身的无声对话,他们曾经把全部的言说押注于心智的相似。 116

所以我们要学习的,就是那些冠有天才之名的诗人。他们会向我们和盘托出这顶冠冕中的秘密。天才的秘密,也是普遍教育法的秘诀:学习、重复、模仿、翻译、分解、重构。当然,19 世纪的某些天才开始援引高于人类的启示。② 然而之前的古典主义作家并没有想到这个办法。拉辛从不愧于他的身份:他是个下苦功的 117

①《母语篇》,281 页。

② 此处指在 19 世纪,浪漫主义诗学往往尊崇"天才"(génie),认为它高于普通人的"才能"(talent),是受神启示而得。——译注

人。他像**鹦鹉学舌**一样，去熟记欧里庇得斯和维吉尔。① 他力图翻译他们，分解他们的表达，用另一种手法重组。他知道，做诗人，就是作两次翻译：用法语的诗行翻译出母亲的痛苦、女王的震怒、爱人的迷狂，这就是对欧里庇得斯和维吉尔曾作过的翻译再作翻译。拉辛不仅显然依从欧里庇得斯的《希波吕托斯》译出了费德尔，还从中译出了阿达莉和约示巴。② 这是因为拉辛对自己的创作没有妄想。他深信自己对人类情感没有比观众更高妙的认识。“如果拉辛比我更懂得一个母亲的心，他来跟我讲他从中读到了什么，就是浪费时间，我就在我的各种联想中找不到他的观察，就不会被感动。这位伟大的诗人，是从反面出发；他的劳动，他的几多艰辛，他删一词，他改一句，都是期待这一切带给读者的理解恰如他自己的理解。”③拉辛与所有创作者相同，本能地运用着普遍教育的方法，也就是它的伦理。他知道，人没有

118

① 维吉尔（Virgile，前70—前19），古罗马诗人，作有《牧歌》《埃涅阿斯纪》等。拉辛本人写道，他在《昂朵马格》中参考了维吉尔的《埃涅阿斯纪》。——译注

② 拉辛的悲剧《费德尔》，情节近于欧里庇得斯的悲剧《希波吕托斯》（*Hippolyte porte-couronne*），剧中讲到王后费德尔追求继子依包利特（法语音译，即希腊语的“希波吕托斯”），求爱不成，反向国王诬称王子施暴，致其殒命，最后被神揭穿真相；阿达莉和约示巴（Athalie et Josabeth），出自拉辛的《阿达莉》，这出悲剧取材于《希伯来圣经》，讲到阿达莉（即《希伯来圣经》和《旧约圣经》中的亚她利雅）从以色列王国嫁入犹大王国，登基为女王之后清洗犹大王室，但约示巴藏起一个王室后代，最终将阿达莉正法。——译注

③《母语篇》，284页。

伟大的思想,只有**伟大的表达**。他知道,诗的全部力量集中于两种活动:翻译和反译。他清楚翻译所受的各种限制和反译所具的诸多力量。他知道,从某种意义上,诗总是另一首诗的缺失:即那无声的诗,它存在于母亲的亲情和爱人的迷狂的即兴演出中。在极少数情况下,前一种诗可以接近甚至模仿出后一种诗,比如高乃依做到如此,只用了一个字或三个字:“我”,或是那句“让他死!”①但在其余情况下,前一种诗要留待观者对它的反译。恰是这种反译,产生了诗的情感;恰是这个“各种观念的发射源”②,重新激活了字词。诗人的全部努力、全部劳动,都是为了激发每个词、每个表达周围的光环。正是为此,他去分析、拆解、翻译他人的表达,他去不断涂改和修订自己的表达。他力求讲出一切,即使明知人不可能讲出一切,而他正是因为作为**译者**身处这种绝对的张力,才让另一种张力、另一个意志成为可能:语言不能讲出一切,所以“我就要凭借自身的才能、所有人都有的才能,猜出拉辛本来要讲的、他作为一个人所讲的、他在无言处所讲的、他限于诗人身份所不能讲的都是什么”③。

119

---

① 这两句是法国古典主义剧作家高乃依(Corneille, 1606—1684)撰写的台词,被奉为经典,分别出自悲剧《美狄亚》(*Médée*,法语音译《梅黛》)与《贺拉斯》(*Horace*)。《美狄亚》写女巫美狄亚向背信弃义的丈夫复仇,她的女仆问她凭什么对抗逆境,而她简单答道:“我/我说,我,这已足够。”《贺拉斯》写古罗马的贺拉斯三兄弟对抗外敌为国尽忠,他们的父亲老贺拉斯听说两个儿子已经战死,并且误会诈败诱敌的小儿子是临阵脱逃,愤然说道:“让他死!”(Qu'il mourût !)宁愿他为保卫罗马而牺牲。——译注

② “各观念的发射源”,见 85 页。——译注

③《母语篇》,282 页。

天才,或者说被解放的艺术家,他真正的谦逊之处就在于此:他运用自身全部力量、全部技艺向我们展示,他的诗取代了那不在的另一种诗,并且他相信我们对那另一种诗有与他同等的认识。“我们自认是拉辛,而我们自有道理。”这种自认,绝非想去假扮他。这绝不是说我们写的诗比得上拉辛,或者很快就能比得上他。这首先是说,我们领会拉辛要对我们说的是什么,他的思想与我们的同属一类,他的表达要靠我们的反译才能完成。**通过他**,我们首先知道的是,我们是同他一样的人。通过他,我们也认识到语言的力量,是拉辛让我们经历字符的任意性而获知这种力量。我们知道,我们与拉辛的“平等”,归于拉辛的创作成果。他的天才,就是将创作基于各智力皆平等的原则,否认自己高于他的受众,甚至写给那些预言他会像咖啡风潮一样转瞬即逝的人。①

120

我们要做的,就是检验这种平等,经我们自身的劳动得到这种力量。这不是要我们去写可比拉辛的悲剧,而是要我们去用同等的关注,同等的技艺探究,去讲述我们的感受,并经历语言本身的任意性,或者经历手中任何材料的阻力,让别人来体会它。艺术家的解放教诲,针锋相对于某些教师的钝化,它讲的是,我们每个人都是艺术家,只要每个人去实行两方面的做法:他不满足于从事专职,而想把任何工作视为一种表达;他不满足于感受,而寻求与人分享。艺术家需要平等,而讲解人需要不平等。而且艺术家勾勒出一个理性社会的模式,在其中,材料和语言符号这些外在于

---

① 这里转用了一句谚语:“拉辛就像会过时的咖啡。”(Racine passera comme le café.)这句话误传为当时不欣赏拉辛的某位女作家所言,意为拉辛掀起的戏剧风潮不会长久,被后人用来讽刺预言不准。——译注

理性的事物，也经过了理性意志的处理：这种意志去做的，就是讲述并让他人体会我们为何彼此相似。

平等者的共同体

于是，我们可以设想一个被解放者的社会，这也是一个艺术家的社会。这个社会不去划分谁有知或无知，谁有或没有智力。121 它只看到行动的心智：这些人，去做并讲其所做，将所有成果用作一种方式，以表明他们的人性与所有人相同。这些人知道，没有人生而拥有高于邻人的智力，而某人显出智力更高，只是因为他专注地运用字词，就像别人同样高度专注地运用自己的工具；某个人显得智力更低，只是源于所处环境没有迫使他更多探究。总之这些人知道，某个人在自身的**艺术**中达到完善，只是因为他个别地运用了所有理性存在共有的力量，而这种力量，是每个人都能体会的，只要他退回意识的私有空间，让欺瞒在其中失去意义。这些人知道，人的尊严不取决于他的地位，因为"人生而为人不是为了到达某种个别的地位，而是为了独立于命运而从自身得到幸福"①，因为一个敏感的心灵看到爱人、子女、挚友眼中情感反射的闪光，就会收获足够多的特有内容并得以满足。

---

①《母语篇》，243 页。

这些人并不需要营建“社团城镇”①并按人所好分配不同职
122
务,也不需要成立平等共同体、经济组织来协调地分配各种职能与资源。要让人类团结起来,最好的纽带就是所有人的同等智力。正是它,可以让同类处于平衡,启发人的同情,让我们借此互助与互爱。正是它,让人有办法去估量同类所能提供的帮助,并有办法向人示以自己的谢意。但我们这样说,并不是功利主义的。人可以得到他人的帮助,主要是靠这种机能,互通彼此的快乐与痛苦、期望与忧虑,从而互为所动:“假如人们没有这种机能,一项同等的机能,来让彼此产生感动和同情,他们很快就会变成陌生人;他们就会随机散落在地球上,而各种社会就都会解体。……这种力量的运用,既是我们最美好的享受,也是我们最迫切的需求。”②

所以我们根本无须去问,这些智者之众该有怎样的法律、怎
123
样的法官、怎样的议会、怎样的法庭。听从理性的人,并不需要法律或法官。斯多葛学派③早已知道:自省过的德行、让人自知的德行,其力量可以造就所有其他德行。而我们知道的是,这种理性不是专属于智者。所谓失去理性的人(insensé),正是坚持不平等与支配关系的人,是想要**占有**理性的人。所谓理性的开始,正是需要不再为占有理性而组织言论,正是需要认识到平等:这种平

① 社团城镇(phalanstère),是空想社会主义学家傅立叶(Charles Fourier,1772—1837)为他理想的协作社团(Phalange)所构想的居住场所。——译注

②《音乐篇》,338 页。

③ 斯多葛学派(stoïciens),源于约公元前 300 年的希腊化时代,强调让理性胜过情感等个人修为。——译注

等，并非靠法律和强权所制定，并非让人消极地接受，它是在行动中的平等，要靠践行者们用每一步去**检验**，而这些践行者，凭借对自身的持续关注、围绕真理的无尽回旋，就能讲出恰当的词句来得到他人的理解。

因此我们需要反问那些质疑者，他们问，各智力皆平等这件事岂能去设想？这项主张一旦得以确立，怎能不引起社会的失序？我们应该反过来问，若无平等，何谈智力？所谓智力，并非用来比较自身认识与对象的理解之力。它是通过他人的检验，让自己可被理解的力量。而只有平等者，才理解平等者。**平等**和**智力**是同义词，正如**理性**和**意志**。这种同义联系，建立了每个人的知性能力，也为一般社会提供了可能。各智力皆平等，是人类的普遍联系，是人类社会存在的充分和必要条件。“如果人们认可彼此的平等，宪法便能一蹴而就。”[①]确实，我们并不确知人们是否平等。我们说的是人们**可能**如此。我们提出这个主张，并跟同样这样认为的人一道去检验它。而且我们知道，正是基于这个**可能**，人的社会才是可能的。

124

---

①《全一哲学月刊》，第五辑，1838 年，265 页。

第四章

歧视中的社会

La société du mépris

但是,我们并没有**可能**的社会。我们只有现存的社会。我们沉浸于这些梦想,而现在有人敲响了门。我们的来客,有公共教育部的特派员,前来向雅科托先生通告本王国关于办学资格的敕令;有代尔夫特[1]军校委任的军官,前来整顿鲁汶这所奇特的军事师范学院;还有邮递员带来最新一期的《鲁汶学术年鉴》,其中某位学界同仁,弗朗西斯库斯·约瑟弗斯·丹贝克,刊发一篇"辩辞",[2]抨击"普遍派",称其再次导致青年的败坏:"鉴于教育涵盖民众的整体,而其首要美德,在于统一的和谐,但某种反常的方法破坏了这统一体,将城邦分裂为对立的部分。……我们必须从我们的国家驱逐这痴妄之举。勤学的青年们在其勉力中,不但要遵从对美与文学的挚爱、要避开那恶极的怠惰,而且要坚持自古以来享有神圣敬意的某种克制、某种谦逊。如此,他们方能成为公民中的精英、法令的执行者、德行的维护者、圣典的阐释者、祖国的守卫者、全种族的荣耀。……国王陛下,也请您明察!盖您身系臣民所需,又更值此忧患之秋。清除这类教师,取缔这些隐晦 125 126

① 代尔夫特(Delft),荷兰城市。——译注

② 此刊物名《鲁汶学术年鉴》(*Annales Academiae Lovaniensis*)为拉丁文;此作者署名"弗朗西斯库斯·约瑟弗斯"是拉丁化的人名;"辩辞"(*oratio*)原文也为拉丁文。——译注

的学校,此乃神圣的使命。"①

荷兰王国是个小国,但教养程度俨如大国。它的公权机关的
127 首要考虑,就是青年的心灵教育和公民的心性和谐。在这里兴办事业,不是靠谁先抢占滩头,也不能没有教学能力的凭证,更不能夸耀人能教己所不知,促使人们嘲笑诸位教师、助教、学区长、督察员、特派员乃至部长,而这些人士,都自认对青年和学问负有更高的义务。"从我们的国家驱逐这痴妄之举!"然而对此,我们可以用我们的方式回应:"钝化思想昂起它丑恶的头颅,对我叫道:回去吧,你这一派胡言的创新家!你想让这个种族摆脱我,但它密不可分地与我相连。我就是那曾经、正在、将会生存在这大地上的一员,只要心灵仍是居于血肉之躯②。在今天,更甚于从前,你没有任何胜算。有些人相信自己在进步,他们的意见却牢牢地套在转轴上;我笑他们的苦劳;他们从此一步不前。"③

重力的法则

我们沉浸于思索那些思考的心智如何围绕真理划下弧线,而

① 此段引文,著者在正文中引用了拉丁文原文并在脚注中附法文翻译,译者据此法语翻译。原注出处:《鲁汶学术年鉴》,第九辑,1825—1826年,216、220、222页。——译注

② 血肉之躯,原文为"泥塑的身体"(corps de boue),指代凡人或指肉身。——译注

③《智力解放月刊》,第三辑,1835—1836年,223页。

物质的运动却遵从另外的法则：引力与重力。在这些法则下，所有的身体都昏聩地加速冲向中心。我们前面说过，人不应从树叶推导心智，从物质推导非物质。因此，智力不适用物质的法则。不过这句话的成立，是针对可以分别看待的个体智力：它是不可分的，不处于共同体，不与他人共有。它不可能为任何集体所有，否则，它就不再属于那些成员。由此结论就是，智力仅存于个体，不存于个体的**集合**（réunion）。“智力存于每个知性单体中；而这些单体的集合，必是惰性和无智力的。……在两个知性的分子，即所谓的人的协作中，存在的是两个智力。它们性质相同，但并不是一个单独的智力在主持这段协作。就物质而言，是重力，这单一的力，推动着质量和分子；而在知性存在的层面上，智力所主导的仅仅是个体：他们的集合遵守的则是物质的法则。”①

128

我们之前见到，理性的个体穿过语言的实质性所构成的层层阻碍，互相传达思想。而这种交流只能基于一种反转的关系，因为本来的关系会让智力的集合遵守任一种聚合体的法则，即物质的法则。而这里就是钝化所围绕的物质转轴：非物质的智力要想**联结**起来，就只能遵从物质的法则。于是，每个智力环绕真理这个不在的天体所做的自由回旋，自由的交流借文字的羽翼所做的远距离飞行，都要受到阻碍，承受万有引力而偏向物质世界的中心。这就好像智力存在于一个两重的世界。也许，我们可以听听摩尼教徒②的设想：他们认为创世之初有一种混乱，

129

① 《遗集》，118 页。

② 摩尼教徒（manichéen），即摩尼教的信徒。摩尼教起源于 3 世纪的波斯，是典型的二元论宗教。——译注

将此解释为两种智力的斗争,这不单纯是因为一方以善为原则,另一方以恶为原则,而是因为在更深层次上,两种智力原则无法作出**一种**智力创造。在这时的法国,博纳尔德子爵宣扬复兴神性的智力,靠它整饬语言和人类社会,有些人则与他相反,想要复现那些异教徒和摩尼教徒的设想。他们面对着学者和革新者所运用的知性力量,也面对着议会辩论中的诡辩和混乱,并且比较两者,看到两种对立原则发挥作用。他们之中,就有杰里米·边沁和他的学生詹姆斯·密尔①,他们见证了英国保守的议会中的乱象;他们中还有约瑟夫·雅科托,他见证了法国革命议会中的乱象。

130

然而,我们先不用控诉神性的缺失,也不用轻率地去为那些乱象的当事人说理。我们也许只需要更简单的假设:神是一元的,而人才是两重的。神赋予人一个意志和一个智力,供他应对生存需求。但他所赋予的对象是众多个体,不是族群。族群对这两者都不需要。它不用关心自身的延续,是众多个体延续着它。只有这些个体,才需要一个理性的意志,来自由地引导智力为其所用。相反,社会的整体并不依照理性。它只为存在而存在,仅此而已。而且它只能是任意的。我们提到过,在某种情况下,它的基础可以是天性,即智力的不平等。如果这样,就像我们之前所说,社会秩序就可以被看作天生的,"诸多人类法则、惯习(convention)中的法则,就不再有助于人类的延续。服从这些法则,就

① 杰里米·边沁(Jeremy Bentham, 1748—1832),英国思想家、社会改革家,他的理念促成了伦敦大学学院的创办;詹姆斯·密尔(James Mill, 1773—1836),苏格兰思想家、经济学家。——译注

不再是义务和品德；人们就会服从于智力更高等的法治官和禁卫军①，而这一类人建立统治的理由，就会跟人类支配动物一样"②。 131

当然，我们见到现状并非如此。只有惯习可以支配社会秩序。而惯习必定是反理性的吗？我们讲过，语言的任意并不妨碍交往的理性。因此我们可以有另一种设想：组成人类的众多个体意志中的每一个，都是理性的。如此，人类本身就能看成是理性的，众多意志就会互相调和，而各种人类集群就会走向一条直线，没有扰乱，没有偏离，没有变轨。但我们怎样才能形成这种一致？毕竟我们面对的是众多个体意志的自由，他们可以随其所好地使用或放弃理性。"某个小粒子的理性时刻，不同于那些邻近的原子。在任何瞬间，在各处总是共存着理性、妄为、激情、冷静、关注、警觉、沉睡、停顿、前进；**因此**，在任何瞬间，一个团体、一个国家、一个种族、一个生物属中，既有理性也有反理性，而这个群体的意志并不改变这个结果。**因此**，每个人是自由的，这恰恰造成了人的集合是不自由的。"③ 132

创始人强调了文中的**因此**：他所推证的不是无可置疑的真理，而是一种假定，是他根据观察到的事实所讲述的他的一段心智历程。我们已经讲过，心智，即意志和智力的联合，它有两种基本的模式：关注与分心。只要发生分心，智力就会走失，就会被物质的引力带走。所以，某些哲学家和神学家认为，人的原罪仅仅

---

① 法治官和禁卫军（cadi et janissaire），原词分别指伊斯兰社会里的宗教法官和奥斯曼帝国的近卫军团，都是特殊社会结构中的特权阶层。——译注

②《外语篇》，75 页。

③《遗集》，116 页。

在于分心。由此看来,我们可以认同他们说,恶就源于心不在焉。不过我们知道,这种心不在焉也是一种拒绝。分心的人**找不到理由**去关注。分心,首先是懒惰,是想要避开努力。而懒惰本身不是身体的倦怠,它是一个心智低估自身力量时的活动。理性交流的基础,是平等地评估自我和评估他人。这种交流是为了持续检验这种平等。而懒惰,让智力陷落于物质的重力,其原则就是歧视(mépris)。这种歧视装出谦逊的样子:无知者说"我做不到",因为他想逃避学习的任务。我们可以从经验中知道这种谦逊的意义。自我歧视,也就是歧视他人。学生说"我做不到",是不想作即兴演讲去给同学们评判。而有人对你说,我不理解你的方法,我没有能力,我根本不懂。你马上就知道他的言下之意:"这些都不合常识,因为**我弄不懂它**;连我这样的人都做不到!"①这类想法,见于各个时代、各个社会阶层。"这些人装作天资愚钝,只想以这个借口免除自己所厌烦的学习、自己不愿做的练习。你想知道他们的道理吗?稍等一等,让他们自己说,直到他们把话讲完。他先精彩地辩解道,他为人谦虚,不谙风雅,随后你就听到他多么坚信自己的判断。他有多么与众不同的洞察力!他无所不知:如果你听他继续讲,终于他就换了一个人;谦逊终于变成了高傲。所有村落、所有城市中都不乏这种例子。有的人认可他人在某方面的高等,只是为了叫他人认可自己在另一方面的高等,而且我们不难发现,在讲完话之后,我们的高等在自己眼里,总会变成更高一层的高等。"②

133

134

---

①《音乐篇》,52 页。

②《母语篇》,278 页。

不平等的激情

因为分心，智力就会附入物质的命运，而我们发现，这种分心的起因是一种独特的激情：歧视、对不平等的激情。意志的堕落，并非由于追逐财富或财产，只因站在不平等的立场思考。关于这一点，霍布斯[①]写了一首比卢梭更投入**关注**的诗：社会之恶，并非源于有人第一个声称："这是我的"；它源于有人第一个声称："你不等同于我"。不平等并不是由什么事造成的结果，而是一种原始的激情；或更确切地说，不平等的起因，正是平等。人对不平等的激情，正是面对平等时的昏眩，正是面对平等的无尽任务时的懒惰，正是面对一个理性存在的自身义务时的恐慌。人总是容易去跟人**相比**，去建立社会交换，像参加集市一样互换尊敬和歧视，让每个人用自己所承认的低等，换得一份高等。于是，众多理性存在之间的平等，面对社会的不平等而发生动摇。如果沿用天体物理学的比喻，我们可以说是对**优势**[②]的激情，让自由意志服从重力下的物质系统，让心智坠入引力中的愚昧世界。正是不平等的反理性，让个体抛弃自己，抛弃他本质中无法度量的非物质性，促成集结的事实，促成集体的虚构建立统治。由于热爱支配，人们

135

① 霍布斯，见 81 页注。——译注

② 优势（prépondérance）指相对的优势，比如在宇宙中，因为物质和能量的稀薄，万有引力便发挥着这种优势作用。——译注

迫于在一套集会秩序下彼此保全,而这种秩序,只能是反理性的,因为它的基础是每个人的反理性,是人们为了高于他人而必须服从他人的法则。“我们想象里的这种存在,我们所谓的人类,它得以组成,靠的就是我们每个人不去运用个体才智的这种痴妄。”①

所以我们根本不用去控诉,心灵困于血肉之躯、屈服于物质那作恶的神性,就注定是愚昧的,其命运是不幸的。这其中没有作恶的神性,没有不可救药的群体,没有根本的恶,而酿成各种结果的,只有这种激情,这种不平等的虚构。正是因此,人们可以用两种看似相反的方式描述人在社会中的服从。人们可以说,社会秩序服从某种不变的物质必然性,它的运作就像行星运转那样依照永恒的法则,没有个体能加以改变。但我们也可以说,社会秩序仅仅是种虚构。所有的生物属、种族、团体,都并非真实。仅有众多个体才是真实的,仅是他们,才有一个意志、一个智力。所谓的秩序,让他们从属于人类、各种社会法则、不同的权威,而这秩序的整体不过是想象力的一种创造。这两种描述,可以归为一种:正是每个人的反理性,不停地创造和再造着那压倒性的群体、那缥缈的虚构,虽然它们要求每个公民上交自己的意志,但每个人都有办法从中解救自己的智力。“面对律师、面对议会、面对战争,我们能做的和能说的都受到某些假定前提的规制。一切都是虚构:只有我们每个人的意识和理性才是坚定不移的。其实,社会状态的基础就是这些原则。如果一个人服从理性,那么那些法律和法官就完全没有了用场;但有各种激情催使着他:他起来反抗,因此被处以某种羞辱性的惩罚。我们每个

136

① 《母语篇》,91 页。

人都迫于寻求某人的援助以对抗其他人。……很明显，当人们组成社会，以求在社会中对抗他人保全自身时，这种互相需求便 137 产生一种理性的屈从（aliénation），而它不能产生任何理性的结果。社会的妙计，不正是将我们带入这不幸的境地，并让我们投身其中吗？”①

所以说，社会世界不仅是无理性的世界，更是反理性的世界，其中的活动来自堕落的意志，这种意志为不平等的激情所支配。众多个体不断地通过**相比**而彼此**联结**起来，再造着这种反理性、这种钝化，让各种机构将其规范化，让讲解人将其固化在人们脑中。制造反理性这项劳动，需要个人投入许多技艺和智力，而这种投入不亚于他去理性地传达自己的心智成果，何况这项反理性的劳动还要付出代价。社会秩序的法则就是战争，但这种战争，无关于物质力量造成的灾祸，也无关于兽性驱使的劫掠暴行。战争跟一切人类成果一样，首先是言说行动。但这种言说不需要那反译者的光环，不会借其中发散的理念去唤来另一个智力或另一段话，其中的意志不会去猜测或让人猜测，它的 138 目的是让他者沉默，是制止反驳，是让众多心智在同意下落入物质性的集结。

堕落的意志仍不断运用智力，但运用的基础是彻底的**分心**。它让智力习惯于只**看**谁在竞争中占有优势、如何排除别的智力。社会的反理性世界，也是由操纵智力的众多意志组成，但其中每个意志的作为，都是去消灭另一个意志，从而避免另一个智力去看。而且我们知道，这种结果并不难达成。为此人仅需要利用

① 《母语篇》，362－363 页。

的是语言秩序彻底外在于理性秩序这一点。对此,那理性意志所做的,是按照自身与真理的远距离联系、与同类讲话的意志,用关注的力量去管控这种外在性,去重新掌握它。而分心的意志所做的,是离开平等的道路,从反面利用这种外在性,采取辩术的模式,促成心智的集结,促使它们落入物质引力的世界。

辩术的痴妄

139 辩术的力量,源于某种**推理**技艺,装作有理来消解理性。自从英国和法国的历次革命把议会权力重新置于政治生活的中心,有些不懈追问的心智又发起了柏拉图和亚里士多德的重要质疑,即人们是否在用虚伪的力量模仿真实的力量。于是我们看到,日内瓦人艾蒂安·迪蒙在1816年用法语译出了好友边沁的书:《论议会中的诡辩术》。① 雅科托没有提及这部著作,不过他在《母语篇》讨论辩术时似乎有其印迹。他与边沁一样重点分析议会辩论中的反理性,所用的词汇也近于迪蒙。而且他分析谦逊的伪装,

① 艾蒂安·迪蒙(Étienne Dumont, 1759—1829),瑞士法学家。《论议会中的诡辩术》(*Traité des sophismes parlementaires*)指下引译本的书名。迪蒙所译书名略有不同:《立法议会中的计略》(*Tactique des assemblées législatives*);边沁原书书名一般称作《政治计略》(*Political Tactics*),是对英法议会系统的全面分析,收于英文版《作品全集》第三卷,牛津:牛津大学出版社,1999年。——译注

让人想到边沁也在某章论及假借权威。[1] 两位著者尽管分析的是同一种闹剧，但在视角和发现上大有不同。边沁声讨的是英国保守的议会。他揭示了不同虚伪程度的权威论调的危害，而这种论调，让现存秩序的既得利益者用来反对任何进步的改革。他驳斥某些假说支撑现存秩序、文字任人搬弄混淆黑白、各种诡辩将任何改革提议视为无政府思想的幽灵。在他看来，这些诡辩是出于利益之争，它们之所以得势，是因为议会群体知性薄弱、逢迎权威以求自保。这就是说，人们只要摆脱利害，并具备理性思考的自由，就可以有效地与他们抗争。而迪蒙不比好友边沁一般激进，他对理性抱有希望，认为各种伦理机构会像各种物理科学机构那样发生进展。“在伦理和物理上，有些错误不都是被哲学改掉了吗？……人们能够贬低谬论，直到它们不敢再示人。甚至在英格兰，那久而知名的律令：神赋国王以**权力**，而人们只有**被动地服从**，它们也已改变，这不就是对我所说的例证吗？”[2]

140

---

① 原注引文：“假如我们指出我们的各种机构的缺陷并提议何以弥补，立即就会有位官员，并不理会这提议，用严肃的语调高声说道：‘我还没有准备去核实这个问题，我承认我的资历不够’等等。但这些话的言下之意是：‘连我这样的人，身居高位，并有与职位相称的才能，都自称资历不够，而有些人竟要提出一个准确意见，这岂不是狂妄自大、口出狂言？’这是一种间接施压的方法，这是在一层谦逊的薄纱之下的傲慢。”出自：《论议会中的诡辩术》（*Traité des sophismes parlementaires*），勒尼奥（Regnault）译，巴黎，1840 年，84 页。“假借权威”（*ad verecundiam*）是指假托权威的名义得出似是而非的结论。——译注

② 迪蒙：边沁《立法议会中的计略》序言（Dumont，préface à Bentham，*Tactique des assemblées parlementaires*），日内瓦，1816 年，XV 页。

141 于是在政治剧场之内,人们就能用不含利害的理性原则,反抗由私人利益指使的诡辩。这种看法假设了属于某种理性的文化,以出于理性的精确指代,去对抗政治场域里侵入的类比、借喻和假说,因为这个场域本来就是某些人基于文字而创造,他们利用文字的悖谬推理塑造了它,用偏见的纱幕遮蔽了真理。正如"政治体"[①]这个修辞说法产生了大量谬误和怪异的想法。这类比喻形成了一种类比作为支撑,造成了武断的言论,让诗歌入侵了理性的领域。[②] 正是这种修辞语言,宗教与诗歌的语言,其修辞手段使得反理性的求利者曲解事实,而要对抗它,人们就要采用一种真实的语言,让其中的字句精确对应想法。

雅科托拒绝这种乐观看法。我们并没有所谓理性的语言,只能根据言说的意图来管控理性。而诗歌的语言并不排斥理性,它反而提醒每个言说的主体,不要把自己心智历程的叙述当作真理的声音。142 任何言说主体都是诗人,谱写他自己和各种事物。而堕落的发生,正是因为这种诗想做诗之外的事,想自证为真理或迫使人行动。辩术,就是一种堕落的诗学。这也意味着我们在社会中无法避开虚构。比喻,导致理性最初的自弃。政治体是一种虚构,但虚构并不意味着我们在这种修辞表达之外可以提出社会群体的精准定义。毕竟有一种身体的逻辑,是**政治主体**无法摆脱的。人可以是理性的,公民却不可能如此。理性的辩术是不存在的,理性的政治论说也不存在。

---

① 政治体(corps politique),字面意思是"政治的身体",有"政治机关"的含义。——译注

② 《论议会中的诡辩术》,6 页。

我们曾提到，辩术以战争为原理。借用辩术，人们不求得到理解，只求消灭敌对的意志。辩术是一种反叛的言语，反对言说者的诗性处境。它的言说是为了让人不说。它想实现的是“你不用再说什么”“你不用再想什么”“你去这样做”。它的效力，始于它所造成的中止本身。理性要求一直去言说，而辩术的反理性言说只为迎来沉默的时刻。人们会主动地说，是时机行动了，并去追随那位以言说促起行动的发言者。但这个时机更意味着不当的行动、缺席的智力、屈服的意志，让人们只去服从重力的法则。“演说家的成功，是把握时机的成果；他撤除一条法令，就像人们攻克一座堡垒。……停顿的时长、行文的章法、典雅，所有的风格要素，并不构成这种论说的特点。是那一句话、一个词，时而一个重音、一个手势，惊醒了某一群沉睡的民众，掀动了某个群体，又让他们随自身重量而坠落。曼利乌斯①只要登上卡比托利欧山，就能用一个动作保卫它。福基翁只要抓住时机讲出一句话，就能说服德摩斯梯尼。② 米拉波③深谙此道，他用一字一句，来主导起伏、制造停顿；有人回应给他三个要点，而他展开反驳，不惜冗长的讨论，渐渐转移听众心智的倾向；然后他突然脱离议会惯例，只用一个词结束讨论。不论一个演说家论说了多长时间，使他取胜

143

① 曼利乌斯（Manlius，？—前384），古罗马执政官，传说在高卢军队侵袭卡比托利欧山（Capitole）时，是他惊醒后击落最高处一名敌兵，使低处的兵众随之摔落，从而保卫了罗马。——译注

② 福基翁与德摩斯梯尼这两位古希腊政治家都擅长演说，而后者尤为赞叹的是前者的停顿技巧。——译注

③ 米拉波（Mirabeau，1749—1791），法国大革命时期的政治家、演说家。——译注

的,根本不是那长篇大论,也根本不是那种种论证:最无力的论敌,才会以句子回应句子,以论证回应论证。而演说家,是那得胜的人,是那讲出字句打破平衡的人。”①

144 我们看到这种高等特质给自己的评判:它是源于重力的高等。那打破平衡的高等之人,就是最懂得在何时与怎样加压来打破平衡的人。那最能折服他人的人,就是最能折服自己的人。他服从自身的反理性,才让群体的反理性取胜。苏格拉底早就把这一点教给阿尔西比亚德和卡利克勒斯②:要做人民的主人,就必须做他们的仆从。尽管阿尔西比亚德取笑作坊里的鞋匠样子木讷,漫谈“这一类人”的蠢笨,但那哲学家索性答道:“那你对这一类人讲话时,不就能放松一点了?”③

自认高等的低等者

那高等的心智,在纳税选民的集会上驾轻就熟地郑重演说,他可能觉得从前更好;如果在从前那些煽动性的集会上,那些来

---

①《母语篇》,328-329 页。

② 阿尔西比亚德(Alcibiade,前 450—前 404),古希腊政治家和军事家,是苏格拉底的学生;卡利克勒斯(Calliclès,前 5 世纪—约前 403),生平不详,是修辞学家高尔吉亚的学生,在柏拉图的《高尔吉亚篇》中站在苏格拉底的对立面。——译注

③《智力解放月刊》,第四辑,1836—1837 年,357 页。

自底层的民众就能像风向标一样，忽而顺从埃斯基涅斯反对德摩斯梯尼，忽而顺从德摩斯梯尼反对埃斯基涅斯。不过我们要看一看事实究竟。这种**蠢笨**，让雅典民众摇摆不定，时而支持埃斯基涅斯，时而支持德摩斯梯尼，而它其实有确切的内涵。雅典民众对两者此迎彼合，并不是缘于无知或者轻浮，这只是因为两者之一在某个时刻更好地体现出雅典民众特有的蠢笨，让他们感到自己明显高于那些痴傻的底比斯人。总之，让群众摇摆不定的那种动力，同样作用于那些高等的心智，同样让社会自身在历个年代中摇摆不定。这种动力，就是人对各智力不平等的感觉。这种感觉让某些人自认为拥有高等的心智，却也让他们融入了普遍的盲信。甚至在今天，是什么让思想者歧视工人的智力？那正是工人对农民的歧视，正是农民对他的妻子、妻子对邻居的妻子、如此直至无尽的歧视。社会的反理性的公式，就集中体现在这类**自认高等的低等者**的矛盾中：每个人都依附于他看作比自己更低的人，都因为自认高于群体而依附于群体的法则。 145

所以，那些煽动性的集会，并没有不同于那些庄重而体面的显贵们平静地据理相争的集会。不论在何处，人们只要是以自身的高等特质为基础聚集起来，就都服从物质性的群体法则。寡头集会、“贤士”①们或“有能者”的集合，比起民主集会，要更服从物质的愚昧法则。“参议院总是有固定的步调，无法自行将其改变，而一个演说家只要将它送到本来的路上、 146

---

①“贤士”（honnête homme），直译作“正直的人”，可理解为“正人君子”，是法国自17世纪以来形容社会贤达的常用说法。——译注

让它走向本来的方向，就总是能胜出所有其他人。”[1]阿庇乌斯·克劳狄乌斯[2]，一贯坚定拒绝罗马平民的任何要求，也是罗马元老院最优秀的演说家，因为他比别人更懂得利用不可扭转的运动，将罗马精英们的想法带去“他们的”方向。但我们知道，他的辩术机器、那些高等人的机器，在某一天停止了运转：这一天，平民们在阿文提诺山上联合起来。这时，为了解除危机，需要有一个“痴妄”之人，也就是一个理性的人，他能做到阿庇乌斯·克劳狄乌斯无法去做、无法理解的夸张行为：去倾听那些平民，认定他们所讲的是语言而不是噪声；去向他们讲话，认定他们所具备的智力足以理解高等心智的言论；总之，他将他们看作同样的理性存在。

147 阿文提诺山的故事，又让我们看到了不平等的虚构之中的矛盾：社会的不平等，其可思与可能的基础，都是各智力先有的平等。不平等无以思考自身。苏格拉底并不用教导卡利克勒斯，怎么去跳出主人与奴隶的循环论证，去了解那真正的平等就在于比例，而且只属于那些基于几何来思考正义的人。不论何处，只要存在等级差异，“高等者”的理性都要服从低等者的法则。一个由哲学家组成的集会，就是一个惰性的身体，其运转的轴心，就是自身的反理性，即所有人的反理性。不平等的社会想要理解自身，并找到自然应当的基础，但终究徒劳无获，这恰是因为统治地位

---

① 《母语篇》，339 页。

② 阿庇乌斯·克劳狄乌斯（Appius Claudius，可考前 505—前 480），古罗马政治家，在与人共任执政官期间，引发平民罢工并撤出罗马城区，去往附近的山上以示抗议，史称“第一次撤离运动”。——译注

没有任何自然应当的理由,而仅仅是惯习,形成了支配,而且是绝对的支配。某些人用高等特质为统治地位辩护,却只能重复从前的故事:高等者一旦失去了统治地位就不再是高等者。当时,法兰西院士和贵族院议员德·莱维公爵先生①担心雅科托的系统会造成怎样的社会效应:如果人们承认各智力皆平等,那妻子将何以服从丈夫?受治理者将何以服从治理者?不过,假如这位公爵先生不像所有高等心智那样**分心**,他就该注意到,他那套系统、智力不平等的系统,才是对社会秩序的颠覆。如果说统治全靠智力的高等,而某天一个受治理者,同样相信智力不平等,却发现省区长官里有个低能者,这该如何是好?那些不平等的信奉者难道要一一测试那些大臣和省长、市长和局长,来检验他们是否高等?他们又怎能保证永远不让一个低能者混入他们之列,犯下过错从而招致公民的不从?

148

只有各智力皆平等的支持者才能理解这一点:如果说一个法治官可以支配一众奴仆,一个白人可以支配一群黑人,这不是靠他们在智力上比那些人更高等还是更低等。如果说各种境遇和惯习可以将人们分成层级,构成支配,迫使服从,这只是因为境遇和惯习本来就能如此。"我们正是因为在天性上皆为平等,才会在各种境遇下互不平等。"②不平等的理由只有平等。"社会的存

① 德·莱维公爵(Duc de Lévis,即 Pierre-Marc-Gaston de Lévis,1764—1830),法国政治家。贵族院是法国第一帝国复辟、波旁复辟、百日王朝、七月王朝等帝制中的上层议院,其成员沿用历史上的上层贵族封号,称作法兰西贵族(pair de France)。——译注

②《母语篇》,109 页。

在只靠差异,而天性所彰显的只有平等。其实,平等不可能长期维系;不过,即使它被破坏殆尽,也仅有它,才能合理地解释惯习造成的各种差异。"①

149 各智力皆平等这一点,对不平等而言还有更多意义:它证明,现存秩序的反转,其实与现存秩序同样是反理性的。"如果有人问我:你怎么看各种人类社会的构造?我的回答是,这幅景象看似违背天性。其中的一切都不得其位,因为那些不同的位置分给了并无不同的存在。倘若谁想求诸人的理性而变换秩序,他也一定要承认理性的不足。以秩序换秩序,以位置换位置,以不同换不同,这其中根本没有合理动机以求改变。"②

哲人王与人民主权

所以说,仅有平等,才能解释不平等,而那些不平等之众,则始终无以思考这种不平等。理性的人,他清楚公民是反理性的,也清楚这是无解的难题。虽然唯有他看到了这不平等的循环,然而他知道,自己作为公民,也无法跳出这个循环。"我们仅有一种理性;但并不是它构造了社会秩序。所以它不会带来福祉。"③某

150 些哲人当然有理由去指责那些"公职人员",因为后者力争去理性化

---

①《音乐篇》,194-195页。

②《音乐篇》,195页。

③《母语篇》,365页。

现存的秩序,而这种秩序本就没有理性。但这些哲人也在妄想,因为他们想塑造一种更为合理的社会秩序。我们知道,这类想法有两个互为对照的极端象征:从前柏拉图的哲人王设想,以及现代人民主权的设想。一个国王,当然可以像任何人一样是一个哲人,但他作为国王,只是因为他是人。他作为领袖,他的理性同于他手下的大臣,这些大臣的理性同于手下的官员,这些官员的理性又同于那所有的人。确实,这个国王不听命于上级,而只依靠下级。但这个哲人王或说国王哲人,仍属于社会的一部分;他就像所有人一样,受制于社会中的各种法则、各种高等特质、各种讲解组织。

也正因此,那另一种哲学设想,即人民主权,同样是不可靠的。因为人们把这种主权看作有待实现的理想、有待施行的法则,但它其实一直就存在。历史记载了不少国王,都因无视这一点而丢掉王位:他们的统治,只是借助了群体施加的重负。而哲人们因此抗议,说人民不能屈从而交出主权。但我们要说的是,或许如此,但其实人民从一开始就丢掉了它。“不是国王塑造了人民,尽管他也许有这样的心愿;而是人民制造了领袖,而且他们从来都想要领袖。”①人民屈从领袖,领袖也同样屈从人民。这互相的服从,就是政治的虚构所依据的原理,它让理性从根本上屈从不平等的激情。而哲人们的悖论,就是假设一个由“人”组成的人民。这已经是一个自我矛盾的说法,一种不可能的存在。人民之中,只有公民,他们已经让理性屈从于不平等的虚构。

151

但我们不要误解这种屈从。我们要说的,并不是公民这种理

---

①《论社会契约》(«Le Contrat social»),《全一哲学月刊》,第五辑,1838年,62页。

想之人只存真实之人的尸骨,也不是这平等的政治天堂里的居民遮蔽了在具体的人们之间的不平等现实。与此相反,我们要说的是,平等只能存在于人与人之间,存在于那些自认为理性存在的个体之间。而公民,这政治虚构中的居民,反而是不平等国度里的失权之人。

因此理性的人知道,本来就不可能有政治科学,不可能有基于真理的政治。真理并不解决公众领域内的任何冲突。它只能让人在自己单独的意识中感到,而在两个意识发生冲突时便会消退。谁若寻找真理,就要知道,它仅有自身,不带附加条件。而各种政治主张则与此相反,从不忘加上最强悍的附加条件,有些人声称"不博爱毋宁死"①,另一些人还可以反过来声称"不合法毋宁死""非寡头统治毋宁死"等等。"第一个词各有不同,但第二个词总是直言或暗含在各种主张的旗号和标语里。一边的人打出旗号'甲某主权或者死',另一边的人打出旗号'乙某主权或者死'。人们总提到死,我知道有些慈善家甚至提出'废除死刑或者死'。"②而真理,它从不作制裁,它不会在后边加上死字。因此我们可以继帕斯卡尔③之后提出,我们早就知道怎样让强权得到公

152

---

① "不博爱毋宁死"(La Fraternité ou la mort),直译作"博爱或者死亡",是法国大革命口号"自由、平等、博爱"的原初版本的简略写法,其中"博爱"更近于"友爱""团结"之意。——译注

②《全一哲学月刊》,第五辑,1838 年,211 页。

③ 帕斯卡尔(Blaise Pascal, 1623—1662),法国启蒙思想家与通才。这句话便是沿用自他的名言:"公正没有强权就是无力的,强权没有公正就是专横的"(La justice sans la force est impuissante. La force sans la justice est tyrannique)。——译注

正,却远远不知怎样让公正获得强权。这种设想本身就没有意义。强权毕竟是强权,它可以理性地去使用强权。但我们如果想让强权变得理性,这就是不理性的。

如何理性地反理性

所以,理性的人只有服从公民的痴妄,同时尽力保留自己的理性。某些哲人提出应对的方法:他们说,人不应只有**被动的**服从,有其义务就应有其权利！但这种说法正是源于**分心**。义务的概念,根本没有、也根本不会牵连到权利的概念。屈从者,就是绝对地屈从。从中寻求补偿,不过是可怜的自欺欺人之计,其结果最多是将屈从合理化,或是让人更能假装自己避免了屈从。而理性的人不会陷入这些骗术,他知道社会秩序带给他的最大好处就是这种高等性,让秩序高过无序。"哪一种秩序都可以,只要它可以不受扰乱。所有的社会组织从来就是如此。"①即使合法化的暴力成为垄断秩序,这也有利于限制暴力,并给理性留出避难所供它自由地行使自身。所以,理性的人并不认为自己高于法律。他顺从这种高等性,因此就不得不服从那些自认高等的低等者的共同命运,与他们一道组成人类这个物种、延续它的反理性。在他看来,社会秩序是一个超出理性能力所及的谜,是一个高等理性的成果,而这个成果要求他牺牲自己的部分成果。他作为公民,

153

154

---

①《外语篇》,123 页。

服从统治者的反理性的要求,但不顺从这种反理性给他灌输的各种道理。同时,他并不放弃自己的理性,而将其作为首要原则。我们在前面提到,理性的意志,首先是战胜自己的艺术。理性只要管控自身的牺牲,就能原样留存下去。理性的人,就是**坚持品德**的人。他让自身的理性去部分地屈从反理性的要求,从而为理性维持一个处所,保留战胜自我的能力。于是,理性可以在反理性之内持有一座永不沦陷的营垒。

社会的反理性的两种象征如同战争,它们就是战场和辩议场。战场是社会的真实写照,是社会的根本理念所造成的终极结果。“两个人在相会时互致敬意,因为他们认为彼此的智力是平等的;但如果其中一人被置于另一人的国家的中心,他们两人就不再行使那些仪式:人们开始滥用强权和理性:人们指出这个闯入者来自蛮夷之地;人们无礼地将他看作蠢人。他的口音让人们笑得喘不过气,他的动作那样笨拙,所有这些都显示出他出身自他那个不纯的种族:那里的人是迟钝的,而这里的人是机灵和轻佻的;那里的人是粗野的,而这里的人是高傲的。总之,某些人就直率地认为自己比另一些人高等;而他们只要带入各种激情,就点燃了战争的火种:不管哪一边的人,都像消灭害虫一样杀人如麻。而杀人越多,就越光荣。有人以人头换取报酬;有人焚毁一个村庄,以此要求勋章,而他如果焚毁的是一座大城镇,就要价更高;这场血的交易,就叫作热爱祖国。……以祖国为名义,你们就可以像野兽一样扑向接壤的邻人;但如果有人问你们具体何谓你们的祖国,你们直到割破彼此的喉咙也不能就此达到一致。”①

155

① 《母语篇》,289-290 页。

然而哲人和有集体意识的人却一致强调，此事需要分别看待。有些战争是非正义的，是征服之战，源于那意图使人臣服的痴妄；但有些战争是正义的，是人们要保卫祖国疆土不受侵犯。雅科托曾经当过炮手，当然知道这一点。在1792年，他挺身救国于危难之中；在1815年，他抗争议会各派势力，反对外敌促使国王复位。但是，他因为这些经验恰恰知道事情的道理远不是看上去那般简单。人去保卫受侵的祖国，是作为公民，也是作为人。他并不是牺牲自己的理性而维护品德，因为他作为理性的动物，受理性支配，会尽力保证自身存活。在这种情况下，理性与战争没有冲突，自私与品德也没有冲突。所以这种战争没有任何特别意义。反而，人奉命去征服他国时，他如果是理性的，才是为社会之谜让自身理性作出了特别的牺牲。他需要更高的品德，才能维护内心的堡垒，才能在退伍还乡之后，借助自主的判断，找回他曾为履行公民义务而献出的自我主宰。 156

尽管如此，在军队交战之中，理性所经受的考验并不算严峻。理性在其中，只需要停用自身。它所做的，只是支配自身，去服从权威的发号施令，而这个权威，已经有足够的力量去明令指派所有人。而某些场所里的情况较此远为复杂，因为其中的权威还有待在互相冲突的各种激情之间得以确立，这些场所，就是人们讨议法令的议会、根据法令作出审理的法庭。它们让理性面对同一个谜，并且只能顺从它。经过激情下的争议、反理性的诡辩，天平倾向一边，而法律就像一个将军一样发号施令，令人服从。但这个谜，也需要理性之人的参与。它将理性从只能作出牺牲的处境，带到另一种处境，并且确保这里**属于理性自身**，属于**推理**。然而理性的人知道，其中只有斗争，推崇战争的法则。胜利取决于 157

斗争者的机警与力度,不取决于理性。正是因此,激情凭借辩术统治了这里。我们已经谈到,辩术根本无关于理性。但这句话反过来说是否成立?理性是否根本无关于辩术?所谓理性,总的来说,不就是指那言说的存在的自主,让他可以在任何领域形成那**艺术家**的成果?理性既然如此,就一定有能力像在任何场所一样在议会上发言。理性就是让人学会各种语言的能力。因此它也能让人学会议会和法庭的语言。那么它就可以让人学会反理性。

我们必须与亚里士多德一样背弃柏拉图的看法,后者认为理性之人不该蒙羞去加入法庭论争,所以苏格拉底不该蒙羞去跟梅雷图斯和阿尼图斯①作对,以致输掉了申辩和生命。相反,我们应该学习阿尼图斯和梅雷图斯的语言,即演说家的语言。学习这门语言,与学习其他语言一样,甚至可能更简单,因为它的词汇和句法不超出一套简单的循环。**一切都在一切之中**的方法,在这里比在别处更见效。我们应该先学习**某件事**,比如米拉波的一篇演讲,再将它联系到其余一切。旧教师的学徒们煞费苦心地学习辩术,而我们只是将它看作游戏:"我们对一切已经提前懂得;一切都在我们的书里;我们只需改换名目而已。"②

而且我们还知道,演说艺术的精髓并非夸张的句式、华丽的辞藻。这些手法的作用,并不是说服那些心智,而是让他们**分心**。议员通过一项法令,就像攻克一座堡垒,靠的是发起进攻、讲出词

158

---

① 梅雷图斯(Mélétos,生卒年不详,可考前5世纪—前4世纪),阿尼图斯(Anytos,生卒年不详,可考前5世纪—前4世纪),两人皆是苏格拉底死刑审判中的控诉者。——译注

② 《母语篇》,359页。

语、做出动作。在一个议程里,常常有人为了终止讨论,大胆地第一个喊道“投票表决!”,让进展方向随之一转。所以,我们也要学会在恰当时机喊出“投票表决!”。我们不用觉得这样做有辱我们自己以及理性。理性本就不需要我们,是我们需要它。我们装出的斯文,不过是懒惰和懦弱,与孩子不肯面对同伴即兴演讲的高傲心态一样。我们也要随时喊出“投票表决!”,但我们的声张,是朝向那些支持获胜演说家的怯懦之众,不然,这个演说家就胆敢去做我们因懒惰而没有做的事。 159

这种做法,是否让普遍教育法变成一种政治犬儒派,将边沁所驳斥的诡辩术重新捡起?这**理性的反理性者**给我们的教诲,其实更近于**无知的教师**的教诲。其中的关键,是要我们去检验理性在各种情况下的力量,是在极端的反理性环境中,探索我们还能用理性做些什么,探索理性何以保持自身的活力。那**理性的反理性者**,虽然陷于社会的痴妄所引发的循环之内,却显示出个体的理性永远不会停止发挥它的力量。在各种激情所支配的封闭场域里,那分心的意志在进行各种活动,而我们要展示出,那投入关注的意志所能做的总是不亚于并且超出这些激情所能。其实,那各种激情的统领者,要比他的仆从们做得更好。“最能诱骗人、最以假乱真的诡辩术,始终是那最懂诡辩术的人才能成就。他知道直白的说法,却应其需求尽可能地拐弯抹角,并且从不过火。激情在给予人们某种高等特质的同时,也让自身陷于盲目,因为它毕竟是激情。而理性将一切原样看待;它对事物的展示和回避程度,都是它认为适宜的,不多不少。”①这些话不是教人巧计,而是 160

①《母语篇》,356 页。

教人忠实。人只要在反理性之内忠于自身，他就能对自身的激情、他人的激情做出同样的支配。“我知道，一切都靠各种激情得以成就；但这一切，甚至那种种蠢行，都可以靠理性变得更好。而这就是普遍教育法的独特原则。”①

有人会问，这种做法与苏格拉底又有何不同？毕竟他在《斐德罗篇》和《理想国》里也告诉我们：哲人编造有益的谎言，让它恰到好处地服务于人，因为哲人自己知道他说的是谎言。而我们与他的不同就在于：我们认为，所有人都知道何为谎言。我们能够定义理性存在，也靠从此出发，靠人无法**对自己**撒谎这一点。因此我们所关心的，绝不是贤者的高明，而是理性的人们所具备的力量。而这种力量，系于一项**主张**，即各智力皆平等。这项主张，正是苏格拉底所缺少的，也是亚里士多德无从纠正的。哲人凭借某种高等特质，略施小计就让人如坠云雾，而他同样因为这种高等特质，无意去接触“身边的奴仆”②。苏格拉底并不想用言论讨好民众，不想撩拨那“粗蛮的猛兽”③。他不想深研阿尼图斯与梅雷图斯的讼师技艺。他认为自己如果那样做，就会导致哲学的没落，而他这种姿态广受赞许。其实，他的主张言下之意是：阿尼图斯和梅雷图斯都是低能的讼棍，所以他们的言论中没有**技艺**，只有花招，并没有任何地方值得学习。然而，阿尼图斯和梅雷图斯

161

---

①《母语篇》，342 页。

② “身边的奴仆”（compagnons d’esclavage），见：柏拉图：《斐德罗篇》，273e。

③ “粗蛮的猛兽”（le gros animal），指柏拉图多次将哲人与民众的关系比作人调教野兽，见：《理想国》，493a，557a–562a。——译注

的言论其实与苏格拉底的言论**同样**,都是人类智力的展现。我们并不是说两种言论有**同样的高质量**,我们只强调两种都出自**同样的智力**。苏格拉底这自知的“无知者”,认为自己高过法庭演说家,懒于学习后者的技艺,他顺从了世界的反理性。他这样做有何原因?他的原因,就是拉伊俄斯、俄狄浦斯等悲剧角色走向迷失的原因:他信了德尔斐的神谕;他认为自己是神选之人,受到神的特殊托付。他与那些高等者有同样的痴妄:他相信天才。一个受神眷顾的人,不会去学习阿尼图斯的言论,不会去重复它,也不会在自己需要时去采纳那种技艺。于是,阿尼图斯之流成了社会秩序的主宰。

但有人会追问,社会秩序岂非无论如何都将如此?既然各种社会的秩序无以改变,我们又何必在公共讨议中取胜?这些理性的个体,或者你所谓的被解放者,尽管保全了自己的生活与理性,但终究无以改变社会,所以又有何用?他们比起那些痴妄之众岂不是只懂更好地反理性? 162

阿文提诺山上的讲话

我们可以先这样回应:事态并非不可救药,毕竟在任何社会秩序下,所有个体仍有可能成为理性的。社会永远不会是理性的,但其中仍然会有奇迹,会有一些理性的时刻。这种时刻,不是各智力的重合,因为那仍属于钝化;它是理性意志的彼此认可。当罗马元老院反理性时,人们便站在了阿庇乌斯·克劳狄乌斯一边。这样议程结束得更快,也更不可避免阿文提诺山那一场风波。现在讲话的人成了梅奈乌斯·阿格里帕。① 他对罗马平民具体讲了什么并不重要,关键的是,他去跟他们说话,倾听他们,而他们也跟他说话,听他所言。他跟人们讲四肢和胃的比喻,这也许不是很好听。但他这样向人们表示出,言说者之间是平等的,他们只要认识到自身的智力,就能理解事情。他对人们说他们就像人的四肢,这种说法里的技艺,就来自对他人言论的学习、复述、拆解、重组,或者我们可以追认说,它就来自于普遍教育法。他与平民讲话,就像与人讲话,这样一来,他也让他们成为人:这就是智力的解放。当社会因自身的痴妄濒临崩溃时,理性做出了拯救性的社会行动,它行使了完整的自身力量,而这种力量,就来自于众多知性存在所认识到的平等。

163

这个时刻,让内战得以幸免,让理性的力量得以回归并且胜出,为此,我们值得一番长久的看似无用的苦劳,保存自己的理性,向阿庇乌斯·克劳狄乌斯学习比他更加高超的反理性技艺。理性可以拥有生命,忠于自我地居于社会的反理性中,并在其中产生作用。这就是我们要去做的。人只要用同等的关注,为了这项事业所需,去创作阿庇乌斯·克劳狄乌斯那样的檄文、梅奈乌斯·阿格里帕那样的寓言,他就是普遍教育法的学生。人只要跟梅奈乌斯·阿格里帕一样,认识到所有人生下来就是为了去理解

164

① 梅奈乌斯·阿格里帕(Menenius Agrippa, ? —前 493),古罗马政治家。史载前 494 年罗马平民聚集在阿文提诺山发起罢工运动,梅奈乌斯·阿格里帕受元老院委托前去谈判。他向人们解释,平民与元老院就像人的四肢与胃,四肢在辛苦劳作的同时,胃也在劳动,同样支持着人体,因此说服了平民并使谈判成功。——译注

任何他人对自己所言,他就懂得智力的解放。

有些人不够耐心或者安于现状,他们会说,如此幸运的机会少之又少,而且阿文提诺山的风波早已变成往事。但同时,我们也听到一些人发出不同的声音,他们证明阿文提诺山事件其实开启了一段历史,它带来了自我认识,让从前的平民和今天的无产者可以胜任一个人所可能做的任何事。巴黎另有一个离经叛道的梦想家,皮埃尔-西蒙·巴朗什,他也用自己的方式讲了这段阿文提诺山上的故事,从中见证了同样的法则,即言说者皆平等,人只要意识到自身所具的智力,就有能力做出一番成就。他写下这段奇特的预言:"古罗马的历史,就目前我们对它的认识而言,已经规划了我们的一部分命运,已经以某种形式深入了我们的社会生活、各种风习、各种见解、各种法规的构造之中,不仅如此,它还将以另一种形式,规划我们的各种新思想,让这些思想深入我们未来的社会生活的构造之中。"①而在巴黎和里昂的工坊里,几个憧憬理想的人也听说了这个故事,还用自己的方式讲述了它。

165

这个对新时代的预言,当然是一番漫想。但我们知道有什么

---

① 皮埃尔-西蒙·巴朗什(Pierre-Simon Ballanche, 1776—1847):《关于社会再生学的随笔——从古罗马人民的历史中推演的各国人民的历史的一般公式》,《巴黎评论》(« Essais de palingénésie sociale. Formule générale de l'histoire de tous les peuples appliquée à l'histoire du peuple romain », *Revue de Paris*),1829 年 4 月,155 页。关于此文,在 2016 年法国劳动法改革所掀起的反对声浪中,雷恩市一家出版社曾将其作为斗争手册刊行,书名为《第一次平民撤离运动》(*Première sécession de la plèbe*),并在重版时请朗西埃作序,而他分析道,巴朗什并不是一般所认为的保皇派思想家,其正是在此文中提出,平民阶层的自我意识具有特殊的解放意义。——译注

不是漫想:我们在不平等的痴妄之内,始终能够检验各智力的平等,并让这种检验发挥效力。阿文提诺山的胜利,是真实发生过的,而且它绝不仅驻留在原发之地。罗马平民争取到的护民官尽管也会跟别人一样地反理性,但不论哪个平民,只要感到自己是人,认为自己有能力、认为他的孩子和所有他人都有能力运用智力的权能,这就并非**一无所获**。我们不可能组建被解放者的党派和议会,不可能来到被解放的社会。但是,任何人在任何时刻,始终都能自我解放、解放别人,向别人宣告这种**恩惠**,让有这种自我认识的人数量增多,避开那些低等的高等者的闹剧。一个社会、一个人民、一个国家将永远是反理性的,但我们在其中可以增多这样的人:作为个体,他们运用理性,而作为公民,他们会去寻求尽量理性地反理性的技艺。

因此我们可以这样说,也必须这样说:"如果每家人都按我所说的去做,那全体国民很快就会被解放。这里的解放,并非那些学者**照应**民众的智力水平,通过讲解所**给予**的解放。这种解放,是人甚至不畏反对那些学者,通过自学所取得的解放。"①

166

① 雅科托:《智力解放手册》(*Manuel de l'émancipation intellectuelle*),巴黎,1841年,15页。

第五章

解放者的猴戏

L'émancipateur et son singe

因此,雅科托的学生并没有太难的功课。他只用向任何地方、任何处境里的所有人宣告这则消息或这种恩惠:人可以去教自己所不知的。穷人家没有学问的父亲从此就可以开始教育自己的孩子。他还要给出这种教育的原则:**先学某件事,再将它联系到其余一切,并依从这条原则:所有智力皆为平等**。 167

他需要如此宣告,并参与对此的检验:跟贫困的人说话,让他讲一讲他对自己的看法、他所知道的事情;向他展示他怎样去教育自己的孩子;誊写孩子能背诵的祷词;给他一本《帖雷马科》,让他熟读第一卷;如果人们想跟普遍教育法的老师学习**他也不懂的事物**,就顺应他们的要求;总之,用一切办法让无知者确信自己的力量:格勒诺布尔有个门生,他未能说服一个穷困的老妇人去学习读写,于是付钱请她合作。五个月之后,她学会了,从此开始解放她的孙辈。① 168

我们要做的就是这些,而同时我们知道,《帖雷马科》或其他任何事物中的知识,其本身没有不同。关键在于,我们不是要培养学者,而是要启发那些自认智力低劣的人,带他们走出陷身的泥沼:他们陷身之处不是无知,而是对自己的轻视,是理性存在的**自以为是**的轻视。

---

① 勒泰尔·德·布莱顿博士:《雅科托教学法普及手册》(Dr. Reter de Brigton, *Manuel Populaire de la méthode Jacotot*),巴黎,1830 年,3 页。

解放的方法与社会的方法

普遍教育法不能编入政党的改革方案,智力解放也不能成为反叛的旗号。是一个人才能解放一个人。是一个个体才能有理性,且仅有自己的理性。教学法不止上百种,学校里的钝化者也169 在教人学习;一个教师就是一件**物**,当然他不如书本那样易于翻阅,但我们同样可以对他学习:对他加以观察、模仿、拆分、重组、感受他的投入。我们的学习,始终依靠去听人说。一个教师比别人的智力不会更高也不会**更低**,一般来说,他可以给出大量的**事实**,以供研究者观察。但是,解放的方法只有一种。任何党派、任何政府、任何军队、任何学校、任何机构,从不可能解放一个人。

这绝不是形而上的论断。在荷兰国王的支持下,它在鲁汶经过了实验。国王是公认的开明之君,而他的儿子弗雷德里克王子钟爱哲学。王子执掌军队,想让军队像普鲁士王国那样现代化、有教养。他也欣赏雅科托,并因他遭受学界权威各处非难而过意不去,想对他有所助益,同时也对荷兰军队有所助益。在当时,军队正是一片实验场,不断引进革新理念与新教学法。王子有了心计,征得父亲同意,在鲁汶创办了一所军事师范学院,并让雅科托来监管教学。

170 这个想法有好的初衷,却类似于请君入瓮:雅科托是**教师**,不是学院领导。他的方法适于培养解放的人,但根本无助于培养军队教官或担当某种社会分工的官吏。我们不要误解:一个被解放的人,可以胜任锁匠和律师,也可以胜任军队教官。但普遍教育法将不得不产生**变质**,才能去专门生产某类指定的社会角色,尤其当这类社会角色所负责的还是人的规训。普遍教育法属于家庭,一个开明君主为其能做的最佳推广,就是以自己的权力保证这项恩惠自由流通。当然,一个开明的君主可以因时因地制宜而**开设**普遍教育法,但这种院校无以延续,因为人的**物种**属于旧的方法。不过,雅科托也可以逢迎君主的荣耀而放手一试,这事业显然会告败作终,但失败也能予人教益。他只要求一个条件作为保证:权力绝对集中,社会人士不得干预,只有两人主管,即国王和他这名受王子青睐的哲学家。于是他要求,首先,遣走旧方法下的所有顾问,当然,这在文明国度里的做法就是对他们一律加以晋升;其次,只留哲学家本人所挑选的经管人;最后,将所有权力交给哲学家本人:“人们要按我说的去做,一律悉数照做,其他一律不做,而责任全部由我来承担。我不会提什么要求;相反,经办人需要来要求我去做什么和去怎样做,并报由国王核准。我在这里的角色不是被录用的公务员,而是人们觉得有必要来咨询的哲学家。总之,这所普遍教育法的学校需要被看作王国在一个时期内最首要的事务。”①

这些条件会让无论多么开化的王国都难以接受,更何况结果注定失败。但国王热衷于这个实验,而雅科托作为知恩的座上宾,也在实验中接受了妥协,他与一个军事教学委员会联合治校,并受鲁汶军政长官的主管。在此基础上,学校在 1827 年 3 月创办,而学生们尽管一开始听到翻译说这个老师并没有什么教给他

---

①《数学篇》,97 页。

们而不知所措，但后来显然有所收获，因为在规定学期结束后，他们还请愿继续留在学校，用普遍的方法学习各门语言、历史、地理、数学、物理、化学、地形勘测、军事工程。然而，这位教师却不满意这**变质的**普遍教育法，也难以忍受与学界权威和军方主管的频繁冲突。他屡次发表激烈言论，促使学校终被解散。他曾服从敕令用高效的方法培训出一批军队教官，但他的用武之地，不在于塑造几名少尉，因为这类人在任何社会中都不会欠缺。他还郑重告诫学生：他们完全不必在军队中成立普遍教育法的学校，但也不应忘记自己见证了一段心智的**历程**，而这不仅是为了塑造下级军官："你们在几个月内成为了少尉，这无可否认。

172

但我们如果拘泥于取得这种微不足道的成果，就是向欧洲的民间和军事院校看齐，就是让普遍教育法变质。

你们的经验如果让社会受益并且满足，我将感到欣慰；你们将有利于国家。

173

但不要忘记，你们所见到的成果，来自另一个层次，它远高于你们已经到达的层次、你们将委身其中的层次。

所以，你们要把普遍教育法用于自己和自己的孩子。你们要帮助那些穷困的人。

但你们为了国家，只用尽职去做少尉和有学养的公民。

你们不再需要我去行此旧辙。"①

创始人在军校学生中不乏忠诚的追随者，他对学生们的这番讲话也刊发在《普遍教育法：数学篇》卷首。而这本书，仍然符合这位老师对待任何科目时令人无奈的习惯，并不含一个数学词

① 《数学篇》，1-2 页。

汇。每一个普遍教育法的学生只要读过这本书，就都能理解鲁汶那所师范学院的历史，都能同意这项主张：普遍教育法并不是、也不可能是一种**适于社会**的方法。它不可能在社会的各种院校里或通过这些院校得到推广。当然，那些被解放者尊重社会的秩序。他们知道，无论在何种情况下，社会的秩序总比无序的害处要少。但他们对社会的认同仅限于此，而任何机构都不可能满足于这极低的限度。那不平等性，它不满足于受到尊重，还要求被真心相信。它要求**讲解**。任何机构，都是让社会的**讲解**实际发生，都是让不平等登场。不论现在还是将来，它们的原则都对立于另一种原则，因为后者的方法基础是主张平等、排除讲解。普遍教育法的对象只能是个体，永远不能是各种社会。"人以族类聚居，形成各种社会，而这些社会不论是北欧原住民还是南美的部落，为了保持稳定都需要一种形式、任一种秩序。某些人负责维持这必要的秩序，所以必须去解释①、让人去解释这种秩序是所有秩序中最好的，并且排斥任何不同的解释。这就是宪法和法律的目的所在。因此，任何社会秩序，既然基于某种解释，就都会排除任何其他的解释，而尤其会摒弃智力解放的方法，因为后者的基础，恰是教育中的任何解释都无益甚至有害。创始人也承认，国家的公民，应该尊重他所从属的社会秩序，尊重对这种秩序的解释；但创始人也确信，法律只能要求公民的言行合于秩序，不能强加给他各种思想、主张、信条；他确信，一国的居民，首先是人，再是公民，而家庭就是一处庇护所，其中的父亲就是最高的仲裁

174

① 解释(expliquer)，即"讲解"，在本章中脱离教育语境，来到社会语境，故多译作"解释"，但须注意二者原为一词。——译注

175 者,所以正是在这里,也只有在这里,智力解放才能开花结果。"①因此我们可以肯定:普遍教育法**不会兴盛**,它在社会中无以立足,但也不会消亡,因为它是人类心智的自然方法,所有人都用它去探寻自己的道路。它的学生可以为它所做的,就是向所有个体、所有一家之父之母宣告,依照这种方法,依从各智力皆平等的原则,人就可以去教自己所不知的。

人的解放与人民教育

我们要向**所有人**宣告。当然,首先是向穷人宣告,因为他们没有别的学习手段:他们付不起讲解人的工资,也没有条件度过十年寒窗。而最重要的原因是,他们尤其承受着智力不平等之下的偏见。我们正是要让他们摆脱遭受欺压的位置。普遍教育法是适于穷人的方法。

176 但它不是**只属于**穷人的方法。这种方法属于人,也就是属于创作者。人不论其学科与地位,只要去运用它,就能增加自己的知性力量。所以我们也要向王侯、大臣和有权者宣告:他们尽管不能将普遍教育法机构化,却能用它来教自己的孩子。而且他们可以利用自己的社会特权,更广泛地宣告这种恩惠。所以说,开明的荷兰国王更值得做的,是去教孩子自己所不知的,并用他的意旨,协助解放理念普及到王国之内的众多家庭。所以说,雅科

---

①《全一哲学月刊》,第五辑,1838 年,1-12 页。

托之前的战友拉法叶将军①,也可以向美国总统如此宣告,因为那个新的国家没有承载几个世纪的学院钝化。实际上,在 1830 年七月革命过后,创始人便从鲁汶回到巴黎,为刚刚取胜的自由和进步力量指出,如何实现他们为人民所作的良好设想:拉法叶将军只用将普遍教育法引入国民自卫队。而之前积极支持普遍教育法学说的卡西米尔·佩里耶,即将出任首相,有条件广泛宣告这件恩惠。还有位巴特先生,在拉菲特②内阁中担任公共教育部长,他亲自来向雅科托请教:政府应该为人民制定怎样的教育,而雅科托能否给他最有效的方法?创始人回应道**无可奉告**,政府不必为人民去提供教育,原因是我们不用给他们自己就能取得的事物。而教育就像自由:它不能给予,只能取得。部长接着问,那我们该做什么?雅科托说,你只用向大家宣告,我住在巴黎的高乃依旅店,在此全天接待穷人家的父亲,为他们指出怎样解放自家的孩子。

177

所有对科学或人民,或对两者都寄予关心的人,他们都该知道,而那些学者也该了解:他们也有办法去倍增自己的知性力量。他们本来认为自己只能去教自己知道的事物。而我们知道,那条社会的逻辑给人谦虚的伪装,让人通过排斥其他来让自己所宣示

---

① 拉法叶将军(le général Lafayette, 本名 Gilbert du Motier, Marquis de La Fayette, 1757—1834),法国革命派,在法国大革命时期与激进的罗伯斯庇尔相对,是温和革命派的领袖,也是促成 1830 年七月革命的关键人物,并曾援助华盛顿赢得美国独立战争。——译注

② 费利克斯·巴特(Félix Barthe, 1795—1863),法国政治家;雅克·拉菲特(Jacques Laffitte, 1767—1844),法国银行家、政治家,曾在七月革命后组建过一任内阁。——译注

的事物不容置疑。但这些学者，只要他是在探究，而不是在讲解他人的知识，就可以找到一些略有新意的、不太传统的事物。他们只要去教自己所不知的，就可能发现那意料之外的知性力量，在这些力量引领下走上通往新发现的道路。

我们还要如此告诉那些共和派，因为他们想塑造自由和平等的人民，并且把这项事业交给宪法和法律。我们要如此告诉所有那些进步论者，因为他们心胸博大、满腔热忱，他们中有发明家、慈善家、科学信徒、理工院生、科技爱好者、傅立叶主义者、圣西门主义者，他们遍布欧洲的各个国家、知识的各个领域，他们寻求着科技创新、农业改良、经济政策、教学方法、伦理机构、建筑革新、印刷工艺、百科编纂，如此等等，其旨在从物质、智力和道德层面上改善最大多数与最贫困阶层的处境。然而，他们对穷人的贡献本来可以更多，而且开销更少。他们花费时间和资金，试验并推广谷仓和堆肥池、肥料和贮藏手段，从而增加收成，使农民致富，一并清理掉农场小路间的垃圾和愚昧头脑中的偏见。然而他们本来可以用比这些简便得多的方法：他们只需要带上一本翻旧的《帖雷马科》，或者用一副纸笔写下一句祷词，就能解放乡下居民，提醒他们意识到自己的知性力量；随后农民自行会去增加收成，贮藏谷物。所谓**钝化**，并不是根深蒂固的迷信，而是面对自由畏惧不前；所谓墨守成规，并不是无知，而是人们出于懒惰和高傲，放弃了自身的能力，只乐于见到邻人的无能。我们要做的只是**解放**。那些人本不必倾家荡产印制百科读物，发遍县市级的律师、公证人、药剂师，借此让村民们更懂得贮藏鸡蛋、标记绵羊、催熟甜瓜、调咸黄油、净化水源、用甜菜制糖、用豆荚酿酒。他们不如去告诉村民，怎样教自家的孩子复述“卡吕普索”“卡吕普索不”

“卡吕普索不能”。而你自会看到这些人的能力所及。

我们仅有这样一个机会，可以用它去实现智力的解放：每个公民都可以是一个人，都可以用笔、刻刀或其他工具创造**成果**。每个自认高等的低等者，都可以成为一个平等的人，可以去向人讲述、让人讲述自己所**见到**的。我们始终可以运用自身与自身的这种关系，用它重建那首要的真诚，在社会之人中唤回理性的人。我们只要避免将普遍教育的方法引入社会机制里，就可以产生这种全新的能量并让它迷住那些热爱自由的人，就可以产生这种摆脱引力和黏滞的力量并让它通过两个极点相接而迅速传播出去。180 我们只要与社会机制保持疏离，就有机会传导解放的电能。

而对那些追随旧教师的钝化学生和旧模式下的当权者，我们只有弃之不顾。他们又在担忧，这样教育人民的后代，罔顾他们的处境，必将导致危害。他们质疑，这所谓智力的解放，难道只是说丈夫和妻子有同样的智力？某个参观者还问雅科托先生，女人在这种处境下还能不能保持美貌？对这些钝化的人，我们不用作答，尽管让他们陷在那学究而矜贵的循环里。我们知道，他们对世界的钝化之见正是源自这一点：他们相信不平等是**现实**，并以为社会中的高等者就是实际上高等的，而一旦人们、尤其是低下阶层的人们知道这高等性不过是习以为常的虚构，社会就会陷入危机。但事实上，只有一个被解放者才能淡然接受社会秩序只是惯习，并严格服从那些其实与自己平等的上级。他知道对社会秩序可以期待什么，也不会在其中制造骚乱。那些钝化的人没有必要担心什么，也永远不知该担心什么。

进步论者们

181 我们可以尽管让他们随其本性,守护现状,忧心忡忡。不过除了他们,还有一些进步论者,这些人本来也不应该担心旧的智力层级受到瓦解。对这些追求**进步**的人,我们可以按照字面去理解:他们是迈步向前的人,他们并不关心是哪种社会地位的人提出了什么,而会去亲眼见证那所说的是否属实;他们将足迹遍布欧洲,寻求各种值得效仿的工艺、方法和机构;他们只要听说某项新的实验成果,不管它在哪里,都去实地参观,并去复制实验成果;他们不理解,假如两年可以完成某段学业,为何还要花费六年;而最重要的是,他们认为知识本身根本不算什么,唯有**去做**才是一切,而且科学不是用作讲解,而是要作出新发现、产生有用的新发明;所以,他们如果听说某项有益的新发明,就不会只是加以赞叹和评论,他们会尽其所能拿出自己的工厂和土地、资本和时间,对它进行**试验**。

182 这些旅行者、创新家之中,有不少人都关注着、甚至振奋于雅科托的方法可能有怎样的实际应用。他们当中,也有些跟旧方法相决裂的教师。有位杜里茨老师,年轻时曾捧读洛克、孔狄拉克、爱尔维修、孔多塞①,还曾撰文抨击"我们的各种哥特机构里尘封

---

① 杜里茨,可查名为"M. A. Durietz",普遍教育法的推广者之一;克洛德·阿德里安·爱尔维修(Claude Adrien Helvétius, 1715—1771),法国启蒙思想家;孔多塞侯爵(1743—1794, marquis de Condorcet),法国启蒙思想家,进步论者。——译注

的古建筑"①。他曾在里尔中央理工学院任职教授,并沿用几位思想导师的原则,在当地开设了一所学校。但由于国王"排挤其他观念",针对"没有唯命是从的任何机构",他无以为继,不过,他仍想摆脱**倒退的**方法,于是来到荷兰,为普鲁士大使哈茨费尔德王子担任孩子的家教。他就是在这里听说了雅科托的方法,还到理工院生德·塞普莱先生②沿此原则所办的学校去参观。他发现雅科托的原则与自己如出一辙,便决意在所到之处尽可能倡导这套方法。在五年的时间里,他到过圣彼得堡的普斯科夫大元帅家、切契巴托夫王子家,还有其他支持进步的显贵人物家中,践行这套方法,同时也没忘记从里加到敖德萨、从德国到意大利一直沿途推广这种解放。随后他回到了法国,声称要"将利刃砍向那空想长成的大树",斩尽它的"最后一枝根系"。

他把计划告诉了泰尔诺先生③,后者声名显赫,是法国色当呢的生产商,也是自由派的极左议员。以开明的实业家而论,泰尔诺无疑是极佳的范例:在大革命和复辟的风波中,他让父亲那岌岌可危的工厂再度兴起,并且没有满足于此,他想要做出贡献,从整体上扶持国家工业,扶植羊绒产业。为此,他从国家图书馆聘请了一名东方学家,将他派到西藏,带回 1500 只山羊到比利牛斯

---

①《全一哲学月刊》,第五辑,1838 年,277 页。

② 德·塞普莱(Pierre-Yves de La Ramée de Séprès,生卒年不详),曾在比利时担任教员,后在巴黎采用普遍教育法开办学校,并出版多种普遍教育法的教材。——译注

③ 纪尧姆·路易·泰尔诺(Guillaume Louis Ternaux,1763—1833),法国企业家、政治家,与弟弟共同经营纺织生意。——译注

山上加以驯化。他一贯极为崇尚自由与启蒙运动的理念,曾去亲眼见证雅科托教学法的成果。信服之后,他答应提供赞助,而杜里茨先生有了他的支持,自然信心满满,声称要消灭那些"拉丁文法的古董贩子"和其他"垄断学院的暴君"。

具有这般超前意识的企业家,并非泰尔诺一人。在米卢斯,那里的工业协会也是一家先驱性的机构。慈善家多尔菲斯兄弟[①]积极运作这家协会,并请年轻的佩诺博士[②]主持,为工人提供普遍教育法课程。在巴黎,有个不事张扬的洗染商博维萨热[③]也听说了这套方法。他从工人白手起家,现在想要扩大企业规模,在索姆省新建一座工厂,但他不愿脱离创业之初的工人兄弟。作为共和派与共济会成员,他希望工人们成为合伙人,但这番愿望却遭遇了灰暗的现实。他厂里的工人与别处的工人一样,他们互相猜忌,只有反对领导时才能团结一致。他想为工人们提供教育,除去他们身上的旧有人性,从而实现自己的理想。为此,他找到了热衷于这套方法的拉捷兄弟,请其中一人在每个星期日到巴黎面料大堂宣讲解放理念。

这些人里不仅有企业家,也有追求进步的军人,他们多是工兵和炮兵军官,延续着法国大革命与综合理工学院的传统。舍施尔中尉就是其中一位,他出身富裕的瓷器商家庭,在瓦朗谢讷担

184

① 多尔菲斯兄弟(兄:Jean Dollfus, 1800—1887;弟:Émile Dollfus, 1805—1858),法国纺织企业家。——译注

② 阿希尔·佩诺(Achille Penot, 1801—1886),法国教育家。——译注

③ 让-安托万·博维萨热(Jean Antoine Beauvisage, 1786—1836),法国企业家。——译注

任军事工程官。他定期拜访暂时隐退的雅科托，有一次还带上了兄弟维克多①，后者给多家报刊撰稿，刚从美国归来，正因 19 世纪尚存奴隶制一事而深感气愤。185

而所有这些进步者的最佳典范，当然要数德·拉斯泰里伯爵先生②。他年届古稀，仍然创办、领衔、身先众人地经管着多项事业，其中包括国家工业振兴协会、初级教育学会、互助教育学会、农业中心学会、慈善协会、教育方法学会、牛痘防控学会、亚洲学会，以及《培育和教育月刊》《常用知识月刊》。而且我们不用心生疑惑，猜他是终日坐在主席位上昏昏欲睡的那种大腹便便的老学究。与此相反，德·拉斯泰里先生恰恰因为坐不住而闻名。他在年轻时已经游历了英格兰、意大利和瑞士，学习经济知识和管理财产。他虽然与内兄拉法叶将军一道支持法国大革命，但在共和三年迫于身份而不得不躲到西班牙。他学习了当地语言，翻译了几册反教权主义的著作，还研究了美丽诺细毛羊，出版了两本相关专著，并因重视这个品种的价值，将一批羊带回了法国。他 186 去过荷兰、丹麦、瑞典，带回了那里的芜菁甘蓝，还去过挪威和德国。他热衷于给牲畜增肥、用恰当的坑槽贮存谷物、种植棉花以及菘蓝等用于蓝染的植物。1812 年，他听说塞尼菲尔德③发明了石板印刷，随即奔赴慕尼黑学习这项工艺，并制造了法国第一台

① 舍施尔中尉的兄弟维克多·舍施尔（Victor Schœlcher，1804—1893）是法国政治家、评论家，以废除法国殖民地奴隶制度而知名。——译注

② 德·拉斯泰里伯爵，见 55 页注。——译注

③ 阿罗斯·塞尼菲尔德（Alois Senefelder，1771—1834），德国演员、剧作家，平版印刷技术的发明者。——译注

石板印刷机。这门新兴工业的多种教育力量,让他开始关注教育问题。他想借助兰卡斯特①的方法推广互助教育,而且决不抑此扬彼。他所创建的多个协会里,教育方法学会正是旨在研究各种教育学创新。他听到比利时的奇迹所引发的公众传闻,感到半信半疑,决定去当场亲自见证是什么情况。

70 岁的他依然思维敏捷。在此后 20 年的余生里,他还为了反对愚民政策、宣扬科学与哲学而屡次著书、创办学会和学报。而这次,他坐上马车经过一番跋涉,见到了创始人,参观了马塞利斯小姐的学院,让学生们即兴演讲和作文,检验出了他们与自己写得一样好。而且他没有畏惧各智力皆平等的主张。他看到这将极大地有助于人们掌握科学和品德,并会对智力权贵给出任何物质力量所不及的致命一击。他期待人们可以将它如实呈现。他当时写道:“那些恃才傲物的人,认为自己的天性与众不同,自己应当有权力去支配同类、将后者贬至几近兽类,凭此独自享受那盲目的运气所分配的、以及那利用人们的无知所攫取的物质馈赠,而他们的自以为是即将消失殆尽。”②于是,他返程后便在教育方法学会宣布:这是人类在文明和福祉上刚刚迈出的一大步。这种新方法,应该由学会在众多方法中首先检验和推广,以加快民众教育的进步。

187

① 约瑟夫·兰卡斯特(Joseph Lancaster, 1778—1838),英国教育家,其教学法主张让进步快的学生去教其他同学,并提出“以教助学”(英语:learning by teaching),见 22 页。——译注

② 拉斯泰里:《概论雅科托先生所见之普遍教育的方法》(*Résumé de la méthode de l'enseignement universel d'après M. Jacotot*),巴黎,1829 年,27-28 页。

羊群与人群

雅科托感谢伯爵先生的热情,但同时却不得不指出后者的**分心**。他感到奇怪的是,后者既然拥护智力解放的理念,又何必通过这个教育方法学会来推行它?所谓"教育方法学会",究竟意味着什么?它其实是一个高等心智的集会,想选出最好的方法去实施家庭教育。这显然是认为这些家庭没有能力自行选择。他们如果自己去选择,就必须是已经受过教育的。这样的话,他们就不需要有人指导,也就不需要这个学会,这与学会的立意互相矛盾。"这些讲究学术的学会有一套传统的伎俩,在过去、甚至在将来总是能蒙蔽人们。他们告诉公众不用费力自行检验。有《学报》负责观察,有学会负责判断;他们懂得彰显自己的重要性,让那些懒惰者肃然起敬,但他们的赞赏和批评从来都适可而止。只有那些人微言轻的心智,才会发出热心的赞赏;而你只要略加克制地去赞赏和批评,你就赢得了公正的声望,而且让自己超出那些作出判断的人,你比他们高明,你善于洞察,能从中庸和劣质的事物中甄选出优质的事物。而所谓的报告,就是典型的钝化讲解,而且必然会赢得支持。其实人们还发明了几个精简的习语,方便安插在讲话里:'没有什么可以尽善尽美','此处未免有些言之过当','不妨把一切交给时间'……这些人里有一个发言道:亲爱的朋友们,我们一致认为,一切好的方法尽在我们的熔炉之中,而法国国民可以相信我们经过分析所得的结论。各省的人民不具备我们这样的学会来指导他们的判断,当然,

188

189

某几个省会里也有几个小型熔炉;但那最好的、最出色的熔炉只能见于巴黎。所有的好方法都争先在我们的试炼场得到提炼和检验。只有一种方法想要反抗;但我们保证,它会与其他方法一样转瞬即逝。我们众会员的智力就是大型的实验室,它将合理合法地分析所有方法。那普遍的方法,只能无谓地反驳我们的章程。我们有权利去判断它,并且会去这样做。"①

我们需要澄清的是,教育方法学会并没有恶意评判雅科托的方法。学会奉行主席本人的进步理念,认可雅科托教学法中"一切有益的部分"。然而这个教师的集会中也不乏讥讽之声,批评雅科托对教书职业的极致简化。其中也有些人,对他们"孜孜不倦的主席"在访学见闻中所谈到的某些"奇特细节"保持怀疑。此外还有人指出,一切不过是江湖术士的把戏,那"即兴演讲"是提前背好的,那"充满新意"的作文是从老师书上抄的,因为那些书恰好被摊开放在一旁。他们也讽刺这位老师不懂吉他,并不知道学生没有照他给的乐谱弹奏。② 然而,教育方法学会的会员们绝非轻信传言的人。弗鲁萨尔先生感到怀疑,便去检验德·拉斯泰里先生的报告,信服而归。布特米先生去检验这位弗鲁萨尔先生何以一见倾心,博杜安先生又去检验这位布特米先生何以一见倾心,两人都信服而归。但问题是,他们

190

① 《母语篇》,446 与 448 页。

② 见:佚名:《评雅科托先生的教学法》(*Remarques sur la méthode de M. Jacotot*),布鲁塞尔,1827 年;佚名:《约瑟夫·雅科托众门徒的愚昧所保卫之下的学院》(*L'Université protégée par l'ânerie des disciples de Joseph Jacotot*),巴黎、伦敦,1830 年。

所信服的，是这种新的**教育方法**能带来显著的**进步**。他们根本不会考虑向穷人宣告它、用它教育自己的孩子，或者用它去教自己所不知的。他们要求学会在“矫正”学校应用这套方法，以便在他们所创办的这种学校里具体展示新方法的过人之处。而学会的大多数成员以及德·拉斯泰里先生本人都表示反对：学会不应该采取**某一种**方法，并“排除其他任何已经出现或即将出现的方法”。那种做法，将对“可完善性设下障碍”，并将背弃学会的哲学法则与实际目的：逐步完善过去、现在和将来的**一切**方法。学会拒绝了这套“言之过当”的方法，尽管受到普遍派的讥讽，仍然保持着客观公正，还在矫正学校里给雅科托教学法分配了一间教室。 191

我们可以发现德·拉斯泰里先生的前后矛盾：在过去，他并没有特地召集委员会来讨论细毛羊和印刷术的价值，并没有发表报告指出必须选择哪一种引进，他自行将其引进，为了自己的目的去试验。但在如何引进解放理念的问题上，他改换了评判标准：在他看来，这属于公共事务，需要通过学会来处理。这令人遗憾的前后差异，其实出自一种令人遗憾的认识：他将那需要接受教育的人民看作了羊群。羊群不会自理，而他认为人群也是一样：他们当然需要被解放，但只有那些见多识广的心智才能去解放他们，而且为此，这些人需要共有学问，去寻求最佳的解放方法和手段。在他看来，解放就是以明智取代愚昧，而雅科托的方法同属于一种教育的方法，同是一种启蒙心智的体系：它尽管是一项卓有成效的创新，但与其他方法**性质相同**，都是在日积月累的基础上，让民众教育更加完善。与它同时代的，还有布里卡伊的联词法、杜邦的共同读书法、蒙泰芒的连读法、奥坦的立体几何 192

法、吕潘和潘帕雷的排版法、库隆·泰弗诺的速写法、法耶的速记法、卡斯泰尔斯的书法、雅兹温斯基的波兰教学法、加利安教学法、列维教学法,还有塞诺克、库珀、拉孔布、梅纳热、施洛特、亚历克西·德·诺瓦耶的方法①,如此不下百种,关于它们的著作和研究报告充斥学会的桌面。自此,一切已成定局:学会、委员会、检验、报告、学报,“其中有利有弊”“将一切交给时间”“笔者不置可否”②,如此直至时间的尽头。

193

对农业和工业改良,德·拉斯泰里先生用的正是普遍教育法的做法:他靠自己去**观察**、**比较**、**反思**、**模仿**、**试验**、**改正**。而要向贫困无知的一家之父宣告智力解放时,他却**分心**了,将一切抛之脑后。他把平等,理解为**进步**,把解放贫困人家的父亲,理解为**教育民众**。为了照管这些理性的存在、自足的存在,他需要其他的理性存在,需要成立组织。人可以照看羊群,而他为了照看人群,需要的是另一群冠以学会、大学、委员会、学报等称号的人,总之,他需要的是钝化,是社会之虚构的旧有规则。人们想用智力解放的自有生命取而代之,但智力的解放不得不回到单独的道路上,被送上审判庭,以判定它的原则和实践是否适用于各个家庭,而这种审判的名义就是进步,甚至是人民的解放。

---

① 这里仅依次列出所提到的人名:“Bricaille, Dupont, Montémont, Ottin, Painparé, Lupin, Coulon Thévenot, Fayet, Carstaires, Jazwinski, Gallien, Lévi, Sénocq, Coupe, Lacombe, Mesnager, Schlott, Alexis de Noailles”。——译注

② 原文为拉丁语:“*nec probatis nec improbatis*”。——译注

进步者的循环

如此结局，并非因为德·拉斯泰里先生的头脑已经不堪辛劳。这是智力解放所要遭遇的冲突，因为它要面对那些同样想为穷人谋福利的人、那些进步论者。钝化权势的批评早已让创始人给予回应："在今天，更甚于从前，你没有任何胜算。有些人相信自己在进步，他们的意见却牢牢地套在转轴上；我笑他们的努力；他们从此一步不前。" 194

这个冲突并不难解释：我们提到，**进步**的人，就是迈步向前的人，他去观察、实验、调整自己的做法、检验自己的知识，如此无限重复。这就是进步这个词的字面定义。而现在，进步的人又有了别的意思：他基于进步的**主张**去思考，并将此主张看作社会秩序的主导解释。

我们知道，解释不单是教育家的钝化武器，也是社会秩序的关键环节。所谓秩序，就是分配地位。而分发地位，就需要作出解释，用虚构去分配和维护一种不平等，而这种不平等，它的理由就只有它自身的存在。人们平常的讲解工作，不过是社会赖以维系的主导解释中的一个微小环节。战争与革命改变着国家的形式和界限，也改变着主导解释的性质。不过，这种改变相当有限。195 我们知道，讲解其实是偷懒的做法。其中，人只需要引入不平等，而这轻而易举。最简化的层级，就是**好**与**坏**。而要解释这种区分，最简单易用的逻辑关系就是**先**与**后**。有了好、坏、先、后这四个字,人就有了一个模本,可以形成各种解释。某些人说,“先前好过现在”:立法者或神权让事情有条不紊;人们勤俭而幸福;领袖慈爱而为公;人们尊重传统信仰、各司其职、团结和睦。而现在,文法败落,界线不清,地位混杂,尊老爱幼之风不存。所以这些人说,我们要维持或重建我们的各种界线,靠它才能坚持善的原则。另有人说,“幸福在明天”,人类就像儿童,他因自身的想象力总是率性而为、惊慌不安,靠目不识丁的保姆讲故事哄睡,顺从暴君的强权与牧师的迷信。但现在,人们的心智正在开化,风习趋于文明,工业广布恩惠,人们认识到自身权利,并将通过教育得知他们该如何运用科学。从此,社会地位应该基于人的**能力**。而教育,将会展示和发展人的能力。

196

此时,一种主导解释正在不可阻挡的力量下让位给另一种。这个时代正在变化。这也解释了伯爵先生等进步论者的前后矛盾。从前,大学只会教人用拉丁语背熟三段论的各种格式,而有些贵族绅士、医生、资产阶级、教会人士对此并不理会,去做**其他的事**:他们自行或请人切磨镜片用于光学实验,让屠户留下牲畜的眼球以供解剖研究,交流彼此的发现或是争辩各自的假设。于是,在旧社会的孔隙里,**多种进步**得以发生,它就是人将理解和行动的能力付诸现实。而那位伯爵先生,本来有些类似于这种热衷实验的贵族绅士,却加入了一股正在崛起的力量,而它属于新式的解释,也就是新式的**不平等化**:进步。从此,那不断完善某个科学分支、某种技术手段的人,不再是那些富于好奇与异见的人。现在是**社会**在完善**它自身**,并以完善为基准来理解自身的秩序。现在是社会在进步,而一个社会的进步,只能通过社会化的方式,即涉及所有人并且保持秩序。进步,就成了不平等的新说法。

197

但这种新说法，比以前有了更可怕的力量。以前的不平等思想只能违背自身原则，它说的是从前要好得多，而我们越前进就越加颓败。这种主导意见的缺点，就是不适用于主导性的解释实践，即教育者的实践。教育者必须认为，孩子在他的指导下成长，从无知走向他的学问，所以孩子越是远离起点，就越是趋于完善。任何教学实践，都把知识的不平等看成过错，这种过错需要在一段无限期的进步中加以纠正并转为优良。任何教学法的本质都是进步的。所以，整体的解释和具体的讲解人是不一致的。两者都造成钝化，但互相冲突。正是钝化之中的这种冲突，产生了解放的空间。

而这样的时代即将过去。从此，主导性的虚构和钝化的实践有了一致的方向。而其原因很简单，就是进步，它把教育的虚构扩充为整个社会的虚构。而教育的虚构的关键，就是将不平等称为**落后**：于是，它让人仅仅因为无知而自认低等；它不作欺骗也不加强迫，只是让人见到自己的落后并争取将其弥补。而人当然永远无法弥补：这种落后被系于他的天性，从而让落后者和不平等永远存在。但他可以从此不断地去缩减这种不平等，并收获双重的好处。

198

进步者的这些观点，是把教学的基本条件在社会中绝对化。它认为在它之前，学习就是暗中摸索、似懂非懂，从母亲或者没文化的保姆口中不确切地捡拾词汇，在与现实世界的最初接触中形成错误观念。而新时代从此就要开启，让人和儿童可以不经弯路就走向成熟。人们的向导指出一切事物之上的纱幕，就要开始揭起它，但也循序渐进，因为这才是**进步的**做法。“进步之中总是需要某种程度的落后。”①他需要某些方法。因为如果没有方法,没有一种**好的**方法,人或者人民就都像孩子一样陷落在童年幻想、旧常规和偏见里。而有了方法,他们就能追随前人曾经理性地、进步地走过的步子。他随后赶上,无限地接近。尽管学生永远追不上教师,民众永远追不上学识渊博的精英,但他们因为有赶上的希望,所以会走上正确的道路,也就是走向更完善的讲解。进步的世纪,就是讲解人得胜的世纪,人类教学化的世纪。这新式钝化的可怕力量就在于,它仍仿照先前的方式指出进步者的道路,而它用来批评旧式钝化的那些词汇,其实都通往歧途,会让刚刚产生解放意识的心智受一点干扰就会跌倒。

199

也就是说,进步者看似通过前进胜过了旧教师,其实是旧教师反而胜过了这些对手,是让机构化的不平等赢得绝对胜利,让这样的机构极度地合理化。而旧教师有了这样的坚实基础,就得到了持久的力量。创始人怀着好意告诉那些进步者:“工业的讲解人和世人都已经在反复地说:看这文明的进步!人民需要各种艺术,但有人还想卖给他们无用的拉丁文。他们要的是设计和制造机器等事物。哲学家们,你们有自己的道理,我钦佩你们还热情追随那总指导师,但他已经于事无补,只能有气无力地呆坐在他那已死语言的宝座上。我钦佩你们的献身精神;你们那博爱的追求,无疑好过旧教师的追求。但你们的手段不也是他的手段?你们的方法不也是他的方法?你们难道不担心受到跟他一样的控诉,说你们扶持着那些教师讲解人的霸权?”②他们的良好初衷,

200

① 《智力解放月刊》,第四辑,1836—1837 年,328 页。

② 《数学篇》,21-22 页。

塑造了更恶劣的状况。旧教师知道自己的目的就是钝化,并致力于此。而这些进步者虽然想解放人们的心智、提升大众的能力,但提出的做法,却是完善各种解释,从而完善钝化。

这就是进步者的循环。他们想让人们的心智摆脱旧常规、远离那些牧师与所有**蒙昧**主义的信徒。他们为此寻求更合理的方法与解释,并且设立委员会、发表报告,对它们加以测试和比较。他们为教育民众,要采用合格的人,而这个人,他需要熟悉各种新方法、使用这些方法并接受考察。他首先要注意的,就是不能让能力不够的学生去做即兴演讲,不能让众多心智脱离完善的讲解和进步的方法、在偶然或常规中得以塑成,不能开设学校并在其中用随意的方式去教随意的内容。他需要让儿童的教育脱离家庭,因为家庭中只有日复一日的常规、根深蒂固的迷信、源于经验的认识、不够开化的情感。为此,人们需要为公共教育建立有序体系,所以要有大学和总指导师。你不必告诉他们,尽管古希腊和古罗马的人没有大学和总指导师,也没有发生什么混乱。在这进步的时代,落后的人民中最无知的那些人,即使只来巴黎稍作逗留,就能被他们说服:"阿尼图斯与梅雷图斯从那时起就指出,人们必须依靠某种组织,去规定:一、必须要解释,二、该解释什么,三、如何去解释。"因为如果不加这些规定,人们就会见到:"一、我们的鞋匠可以在招牌的靴子旁边标上'普遍教育法'的字样,就像他活在没有监管组织的古罗马和古雅典;二、裁缝可以给人们解释什么是可展曲面,就像他活在不用先行考证的古罗马",接下去人们就会见到某些人想要极力避免的事态:"各种旧的解

201

释从一个时代传到又一个时代，损害那些更完善的解释”。①

202 所以说，让教育更加完善，就是让**缰绳**更加完善，或者说是让缰绳的使用说明更加完善。持续不断的教育革命成为一套通常体制，在这个体制下，讲解机构得以合理化、正当化，同时旧教师的原则和各种机构也得以延续。进步者为了推行兰卡斯特的互助教育法，争辩着各种新方法，但最先争论的是为什么要用最好的缰绳。“你们知道我们对兰卡斯特毫无兴趣，你们猜测了一番其中原因。但我们最后还是让你们去用兰卡斯特教学法了，你们又知道其中的原因吗？这是因为那缰绳始终存在。我们只想让它换到其他人手里。总之，尽管缰绳到处存在，我们也不必绝望。你们的应用几何学也不是**我们**的兴趣所在，但它还是可以得到各种形式的应用。”②在“我们”的关心之下，兰卡斯特教学法得以开展，而关于工业的教学法当然也可以随即开展。这里仍有缰绳，而且它的效果不亚于别的缰绳，这不单纯是因为它可以提供教育，更是因为它**让人相信**不平等的虚构。进步者用另一种马术反203 对旧的马术，却更强化了后者的原则，即一切马术的原则。“我们本来在拉丁语里绕圈子；而驯马师让我们去跟各种机器里绕圈子。……如果我们放松警惕，钝化将会压倒理性，它将更难以察觉、更易于自证。”③

---

①《数学篇》，143 页。

②《数学篇》，22 页。

③《数学篇》，21 页。

倾洒在人民头顶

沿着他们的思路下去，普遍教育法也可以成为一种“优良方法”，加入这新式的钝化：它是一种**自然的**方法，因为它尊重孩子的智力发展，让他的心智得到最有效的操练；它是一种**积极的**方法，因为它让孩子养成自己推理解决难题的习惯，让他掌握语言、懂得责任；它是一种**经典的**训练，因为它传授伟大作家的语言，略去文法家的术语；它是一种实际而**高效的**方法，因为它省去了学校里耗费时间的过多年级，培训出富有学识、熟悉工业的年轻人，让他们准备好进入各种有助于完善社会的职业。这种方法也可以大材小用，它既然可以去教自己所不知的，当然也有办法去教自己所知道的。打着普遍教育法的旗帜，很多优秀的教师开设了学校，其中有已经通过考核的杜里荻先生，年轻的欧仁·布特米先生，还有那位理工院生德·塞普莱先生，他把学校从安特卫普迁至巴黎，此外还有一众教师，将学校开设在巴黎、鲁昂、梅斯、克莱蒙费朗、普瓦捷、里昂、格勒诺布尔、南特、马赛……这种方法也来到一些开化的宗教院校：吉亚尔先生去鲁汶参观后，以“认识自己”为基础开展教育，创办了一所“圣道化身学院”①；德苏耶尔先生作为普遍教育法的拥护者，以他一贯的热情在帕米耶、桑利斯等地开办讲座。我们先不谈那更多的效仿者，这些院校至少如实

204

① 圣道化身（Verbe incarné）即基督教术语“道成肉身”。——译注

采用了普遍教育法的练习:复述“卡吕普索”“卡吕普索不”“卡吕普索不能”,在此之后,也进行即兴演讲、作文、检验、列举同义词等练习。总之,他们尊重雅科托的教学法,只有一点例外:他们并没有去教自己所不知道的。当然,人不会主动想做一无所知的人,布特米先生精通古文,德·塞普莱先生身为数学家,这完全不必非议。

205 他们的课本,也从来不提各智力皆平等。不过我们知道,这只是创始人的一项**主张**。而他本人也让我们注意,要严格区分主张与事实,仅从事实而论。所以对那些抱有怀疑、似懂非懂的心智,我们不必强求他们支持这项主张的激进用意。我们不如让他们亲眼看到这种方法下的事实与结果,向他们展示它的原则中的强大力量。而且他们不至于败坏雅科托的名声,因为他们将普遍教育法称作“自然教学法”,声称它受到苏格拉底、蒙田、洛克、孔狄拉克等众多先贤的认可。不过创始人自己也说过,普遍教育法并不是属于雅科托的方法,而只是基于学生的方法、基于人类心智的自然方法。所以我们不必张扬他的名号。在1828年,杜里茨先生告诉过创始人,他要将利刃砍向“那空想长成的大树”。但他的做法并不会像伐木工那么直接,他想缓慢过渡,先取得“某些有目共睹的成绩”,为这套方法的全面成功做好准备。他想通过普遍教育法实现智力的解放。①

而1830年革命的胜利,让这类想法有了更广阔的舞台。

① 《全一哲学月刊》,第五辑,1838年,279页。

1831 年，时年 26 岁的年轻记者埃米尔·德·吉拉丹[1]便遇上了这样的机会。他的祖父吉拉丹侯爵曾是《埃米尔》作者的赞助人。虽然他是私生子，但他所生活的这个年代已经不以人的出身为耻。他感受着这个新时代和各种新生的力量：劳动与工业、职业化的教育和家庭手工业经济、舆论和媒体。他看不起那些拉丁学者与老派学究，也看不起那些头脑简单的年轻人，这些人依凭外省的良好家境来巴黎学习法律，却只知跟女工调情。他期待富有活力的精英人群，让土地受到最新化学发现的滋养，让民众受到一切可能的教育，改善他们的物质条件，让他们懂得平衡各项权利、义务和利益，从而让现代社会得到稳定。他想让这个过程尽快完成，用快捷的方法让年轻人更早地有用于集体，让学者和发明家的成果即时进入各间工厂、各户人家，并来到落后的农村，让那里也产生新思想。他想用一个组织来迅速传达这种种恩惠。那时已有德·拉斯泰里先生主持的《常用知识月刊》，但他认为这种出版物售价昂贵，注定限制在那些本不需要它的人群里。何必向研究人员普及科学、向上流女性普及家庭手工劳动？所以他创办了《实用知识月刊》，通过大规模的订阅推广和广告，让其发行量高达十万份。为了辅助这份报纸、加强其实效性，他还创建了一个协会，其命名简单直白："国民智力解放促进协会"。

206

207

他所谓的解放，原则也很简单。他写道："各种组织就如同各种建筑，都需要建立在坚实而平坦的地基上。而教育，为人们的智力提供了一个基准，为人们的观念提供了一个地基。……群众

---

① 埃米尔·德·吉拉丹（Émile de Girardin，1802—1881），法国记者、政治家，创办了面向大众的廉价报纸《新闻报》（*La Presse*）。——译注

的教育让专制政府面临威胁。与此相反，群众的无知则让共和政府面临危险，这是因为，议会辩论尽管可以向群众揭示他们的权利，却无法保证他们谨慎地实行这些权利。而只要人民知道了自身权利，我们就不能再管制他们，只有去教育他们。因此，任何共和政府都必须建立一个国家化、职业化的分级教育的宏大系统，靠这个系统去启蒙那蒙昧中的群众，取代各种任意的分界线，让各个阶级有其地位、每个人有其位置。"①

208 当然，这个新秩序可以让劳苦大众得到尊严，在社会秩序中占据优势。智力解放所要颠覆的旧有层级，本来是靠教育维系的。在过去，支配阶级一手掌握着教育特权，用来维护自身统治，而其结果众所周知，就是一个平民之子受过教育就不想继承父母的身份。这个系统中的社会逻辑受到了颠覆。从此，教育不再是特权。而不受教育的人，就会被认为**没有能力**。为迫使民众接受教育，1840 年的政策宣布，不识字的 20 岁青年都不具有公民能力，而且兵役抽签的前几号必须预留给这些不走运的年轻人。这项受教育的义务旨在服务人民，却也违背了他们。而在 1840 年之前，有没有任何高效的办法让法国年轻人去读书？"国民智力解放促进协会"的口号就是答案："把教育倾洒在人民头顶，他们应该受到这场洗礼。"

而洗礼的前排就站着这家协会的秘书，他刚从教育方法学会离职，也是普遍教育法的热情拥护者，他就是欧仁·布特米。他
209 在首期刊物上宣称，要为群众教育指出各种高效的方法。他的文

---

①《实用知识月刊》(*Journal des connaissances utiles*)，第三年合辑，1833 年，63 页。

章《自我教育》提到,教师要朗读"卡吕普索",随后让学生跟读"卡吕普索",再断字并清晰地跟读"卡吕普索不""卡吕普索不能"等等。他把这套方法叫作"自然普遍教育法",因为这种教育是把自然本性教给孩子。有位声名显赫的议员维克多·德·特拉西先生①就按照这套方法,成功教育了他镇上的40个农民,让他们能够写信给他,尽情表达了通过他得以享受知性生活的深挚谢意。假如《月刊》每个读者都能做到如此,那么整个社会马上就能彻底摆脱那无知的顽疾。②

协会准备赞助一些模范院校,所以也对德·塞普莱先生的学校发生了兴趣,派专员去调研那里的"自学"教育法。这种方法的宗旨是让青少年基于事实去反思、演说和推理,它沿用了那套自然的方法,也就是曾经形成各种伟大发现的方法。这所学校,坐落在巴黎蒙梭街这个知名的怡人街区里,它在学生用餐、卫生规范、体育场所等方面都注重健康,也强调品德和宗教观念,整体条件无可挑剔。学校提供三年中学教育,每年收费最多800法郎,目标是让孩子学成之后可以通过任何考试。这样的话,学生的父亲就可以准确预计教育投入并考虑收益。协会将这所学校命名为"国民高中",并反过来要求孩子家长,认真阅读各种培养计划,决定该为孩子选择哪种职业。在家长选定之后,协会专员就去监督学校是否严格按照学生家长所选的方向去培养,让孩子尽可能

210

---

① 维克多·德·特拉西(Victor de Tracy, 1781—1864),法国政治家,也是观念学创始人德斯蒂·德·特拉西之子。——译注

②《实用知识月刊》,第二年合辑,总第二卷,1832年2月1日,19-21页。

多地学会让自己精通这项职业的内容,并且“决不学多余内容”①。不巧的是,这些专员没有多余精力长久坚持与“国民高中”的合作。协会投资了布列塔尼的一所农业院校,想借此传播农业知识,同时让一部分城市失业青年得到新生,但因这项投资失败,“国民智力解放促进协会”终告解散。不过,协会自认为至211 少为将来埋下了种子:“这份关于实用知识的期刊,作为期刊而言的确是有益的。我们借用了一个‘智力解放’的说法,也曾用大量的讲解去解放我们的读者。这种解放毫无危险。如果一匹马套好了缰绳,交给了好骑手,它就不会乱走。它虽然一无所知,但我们可以保持冷静;它将不会在各种地方闯入歧途。”②

旧教师的胜利

于是我们看到,普遍教育法,甚至智力解放的说法本身,都可以被**进步者**用于他们的工作,为旧教师助力。两者还做好了分工:进步者掌管方法和专利、学报和期刊,始终拥护解释、无限追求更完善地去完善解释。旧教师掌管学校和考试,保护坚实的基础,即作讲解的学校和社会的训诫力量。“从此,人们拿出各种发明专利,让它们在讲解体系的真空里簇拥而上:阅读讲解、改写、212 简化语、总结表等等经过改良的方法,还有很多其他新奇发明,都

① 《实用知识月刊》,第三年合辑,208-210 页。

② 《实用知识月刊》,第四年合辑,1836—1837 年,328 页。

被写进新的书本里，而这其中，不过是翻新的旧式讲解；所有这些，都让我们这个时代里追求完善的讲解人们跃跃欲试，而这些人还有理有据地将彼此贬斥为占卜师。我们今天的这些发明家尤其可怜。这些人如此之多，以至于我们根本找不到哪个小学生没有得到过一点改良的讲解；甚至于他们很快就只能彼此讲解各自的讲解方法。……旧教师笑看这些争议，从中煽动，任命各种委员会加以审查；而且因为这些委员认可所有的改良，他就不用交出自己的旧权杖。他们分而治之。旧教师仍然拥有各家中学、大学、艺术学院；他给别人的只是一些专利；他告诉人们，这就够了，而人们也相信了他。

“这个讲解体系，就像这个时代一样，一边生出新的孩子，一边吞噬他们来养活自己；一种新的讲解、新的改良，在诞生之后转瞬即逝，把位置留给数以千计的后来者。……

“于是，讲解体系得以更新，讲授拉丁语的学院、讲授希腊语的大学得以延续。我们高声呼吁，但学院仍旧屹立。我们加以嘲讽，而那些迂夫子们仍旧身着礼服，一本正经地互致敬意；工业的新方法让前几代的科学伪装颜面无存，而工业家们仍旧用着那些改良的尺规建造权位，让那喋喋不休的旧教师坐而统治所有工厂。总之，只要地球上还有木材，工业家们就会继续制造讲解人的座椅。”①

所以说，人们仍在成功地用启蒙取代蒙昧，但复兴了那些蒙昧主义者一贯支持的事业：维护各智力的不平等。而且，两者的角色之间并不矛盾。进步者的**分心**源于激情，而这种激情，造成

① 《数学篇》，191－192 页。

了所有的分心,也产生了不平等的主张。一个追求进步的讲解人,首先是一个讲解人,也就是一个支持不平等的人。当然,社会秩序本身并不强迫人去相信不平等,也不阻止谁去向众多个体与家庭宣告解放。这种简单的宣告,也绝不可能有足够多的警卫能将它阻拦,但它会面对难以越过的屏障。这道屏障源于智力的层214 级,它仅有的力量,就是将不平等合理化。进步主义,就是这种力量的现代形式,而且不再夹杂传统权威的各种具体形式:进步者**仅有的力量**就是人民的无知和无能为力,他们靠此建立神圣地位。他们怎么可能置自身于不顾,去让人民知道,后者并不需要他们就能成为自由的人,并能学会一切合于人的尊严的事物?"这些所谓的解放者中,每一个都有自己的一群被解放者,给他们加上马鞍、套上笼头、踩着马刺。"①这些人还团结一致地排斥那仅有的"不良"方法、"危险"方法,也就是导向"不良"解放的方法、雅科托的方法,或者说他的反面方法。

这些闭口不谈雅科托名字的人,其实心知肚明,正是这个名字,让一切改观,说出**各智力皆平等**,让这些给人们提供教学和福祉的人无从立足。这些人必须抹去这个名字,让**宣告**不再发生。这些江湖术士断言道:"你尽可以写下你的呼声,但那些不识字的人只有通过我们才能读懂你印的书,而且我们当然不会蠢到告诉215 他们不需要我们的讲解。我们如果给某些人上阅读课,就会沿用各种'有益'的方法,决不会用那种给人智力解放的观念的方法。我们决不能一开始就教人去读祷词,孩子如果懂了,就可能以为他是全凭自己猜出来的。我们尤其不能让他知道,人能读懂祷

① 《法哲篇》,342 页。

词，就能凭自己学会其余的一切。……我们决不能提到这些解放性质的词汇：去学**并且**去联系。”①

他们尤其想要避免的，就是让那些穷人知道可以依靠自身能力去自我教育，而且自己本来就有这些**能力**。在这时的社会和政治秩序里，“能力”已经取代了曾经的贵族封号。为此，这些人最有效的办法，就是去教育那些穷人，也就是说让他们知道自己没有能力。这些人在各处开办学校，但在哪都不会宣称人可以不靠教师讲解人而自学。智力解放的“政治”本来基于这条原则：我们不必进入社会机构，要传向个体和家庭。这条界线本来带来了解放的机遇，但在这时却即将作废。各个社会机构、知性的合作组织、政治党派，来到各家各户的门前，接触所有的个体，要对他们开展教育。在此之前，大学与其文凭只能通向某些职业，培养数千名律师、医生和学者，而社会上的其他职业都按自己的方式培养和招收人才。比如，学生不需要学士学位就能从综合理工学院毕业。但在更完善的讲解系统下，人们有了更完善的考试系统。从此，旧教师同改进者一道，借助考试，更加限制了学习的自由，让人们的学习只能经由他的讲解和逐级提升的高贵学位。完善的考试，代表着教师无处不在，而学生永远不能与他齐平，它成了智力不平等的无可回避的力量，从此拦住了那些想要自己步入社会的人。于是，智力解放的营垒、旧秩序的空当，便无可避免地陷入了包围，受困于讲解机制的各种新发展。 216

① 《法哲篇》，330–331 页。

教学化的社会

217 所有人都参与其中,尤其是那些热心为人民追求共和与福祉的人。共和派将人民主权作为原则,但他们**很清楚**,拥有主权的人民不再是仅仅追求物质利益的无知群众。他们**也清楚**,共和政体代表各项权利和义务的人人平等,却不可能下令宣告各智力皆平等。他们明显看到,一个落后的农民的智力不同于一名共和派领袖的智力。有些人认为,这种不平等不可避免,丰富了社会的多样性,就像叶片种类无穷,丰富了大自然的无尽宝藏。他们唯一关心的是,尽管这种不平等可以存在,但低等智力的人还是需要懂得自身的权利,尤其是自身的义务。还有些人认为,这种不平等源于几个世纪来的压迫和蒙昧,会随着时代的进步逐渐缓解。但两方一致认为要促进平等,那有益的、不危险的平等,而这项事业的要务,就是教育人民:让学者教育无知者,让奉献者教育那些只关心自身物质利益的人,让理性的普遍力量和公共之力教 218 育那些囿于自身特殊性的个体。这就是“公共教育”,也就是由人民主权概念的代言者制定规划,去教育活在经验认识中的人民。

所以,公共教育就是进步运动的世俗分支,是让不平等进步地趋于平等,或者说,是让平等无限地趋于不平等。其原则只有一条,就是智力的不平等。共和派认同了这条原则,就只有一种合乎逻辑的结果:让聪明的人群领导愚昧的民众。这个结果,让共和派和所有真诚的进步者为之痛心。他们尽力支持这条原则,却拒绝这种结果。《人民之书》的作者,那位雄辩的德·拉梅内先生[1]如此“诚恳”地说:“毫无疑问,人们的机能并不等同。”[2]所以民众就该被动地服从、被贬作兽类?这位作者认为只能如此:“智力的崇高品质、对自身的支配,让人区别于兽。”[3]作者不平等地划分这项崇高品质,当然就让他呼吁人民去建造的“上帝之城”遇上了难题。不过他认为计划仍是可能的,只要民众“谨慎运用”自身重获的权利。如何不“贬低”民众,如何让他们“谨慎运用”自身权利,如何用不平等构成平等,这类想法,就属于教育民众,也就是让他们无休止地弥补自身的落后。

这套逻辑从此通行起来,它要“减少”不平等。人只要认同智力不平等的虚构,只要拒绝社会秩序所能容许的唯一一种平等,他就只能从虚构走向虚构,从本体论走向合作组织,谋求融合拥有主权的人民和落后的人民、智力的不平等和权利义务的对等。而公共教育,就是将不平等建构为落后的社会虚构,它将用它的魔力协调所有那些理性的存在。它的做法,就是用讲解和考试加以管控,并让讲解和考试的范围无限拓展。这样一来,旧教师终将胜利,他得到了工业家制造的新席位和进步者的高尚信条。

面对这种情况,我们能做的,只有反复告诉那些自认真诚的人投入更多**关注**:“你们要改换形式、切断缰绳、脱离旧教师、脱离

---

① 德·拉梅内(Félicité Robert de Lamennais, 1782—1854),法国思想家、宗教改革家。——译注

② 《人民之书》(*Le Livre du people*),巴黎,1838 年,65 页;另见:《全一哲学月刊》,第五辑,1838 年,144 页。

③ 《人民之书》,73 页;引自:《全一哲学月刊》,同前,145 页。

220 与他的一切联系。你要知道他并不比你聪明。你要就此思索一番,再告诉我你**对此是怎么想的**。"①但是,这些人又怎能理解更多含意?他们怎能理解,启蒙者的使命,竟然不是启发那些蒙昧者?一个信奉科学、积极奉献的人,怎能接受点灯却放在斗下,让世上的盐失去咸味?② 而那些脆弱的幼苗、人类幼子的心智,怎能不沾讲解的甘露而成长?人怎能理解,他们若想提升自己的智力地位,非但不需要向学者去学自己所不知的,反而要去向其他无知者去教自己所不知的?对这些道理,一个人克服许多困难才能理解,但永远不会通过得到任何**能力**而理解。而如果不是出于偶然,雅科托本人也不会认识到这些。是偶然,让他成了无知的教师。也只有偶然,才有足够的力量,去推翻人们对不平等的机构化和具体化的坚信。

然而我们还需要一个**彻底的否定**。这些人民之友,只需要用一点时间,将关注集中于一个起点、一项首要原则,而这项原则可以表述为一条简单而古老的形而上学原理:整体的性质与其部分221 必然不同。人对社会赋予理性,就对社会中的个体剥夺了理性。理性脱离了个体,会在社会中得到弥补,但永远不会再回到个体。理性如此,平等也是一样,因为平等就是理性的同义词。我们需要选择,是将平等赋予真实的个体,还是赋予他们的虚构性的集体。我们需要选择,是让平等的人组成一个不平等的社会,还是让不平等的人组成一个平等的社会。对平等有所认识的人不必

① 《数学篇》,22 页。

② 典出《马太福音》第 5 章第 13—16 节,指耶稣借盐的比喻告诉门徒不可韬光养晦,要有用于世人。——译注

犹豫:个体是真实的存在,而社会是一个虚构。平等对真实的存在才有价值,而对一个虚构并非如此。

我们只需要去学习在一个不平等的社会里成为互相平等的人,这就是**得到解放**的含义。但这如此简单的事变成了最难理解的事,因为进步论的新式讲解让平等和不平等纠缠不分。共和派尽其能力与心愿所做的工作,就是让不平等的人组成一个平等的社会,无限地减少不平等。他们从此立场出发,就只能走向极端,将社会推向整体的教学化,也就是将社会的众多个体普遍地幼稚化。后来人们把它叫作"成人教育",而这就是讲解机构与社会的共有外延。这个自认高等的低等者组成的社会,寄希望于彻底的转型,直到完全变成由受过讲解的讲解人所组成的社会,从而达到**平等**,**减少**各种不平等。 222

而雅科托的不同之处、他的**痴妄**,就在于他觉察到了这一点:在这个时刻,方兴未艾的解放事业、促进众人平等的事业正在转变成社会进步的事业。而**社会的进步**,首先是社会秩序在能力上的进步,它让自己被看作合理的秩序。这种信念的普及,削弱了众多的理性个体为解放所做的努力,扼杀了人本来可能产生的平等观念。人们启动了一架大型机器,用教育来促进平等。而这种平等,是表演化的、社会化的、**不平等的**,它只能被完善,也就是说在一个个委员会、一份份报告、一次次改革中被不断顺延,直到时间的尽头。而只有雅科托认为,进步消除了平等,教育消除了解放。但我们不用误会他。那些反进步的宣传者,在那个世纪俯拾皆是,而在我们这个进步已经显出疲态的时代,人们甚至追认那些反进步论者的清醒。这种恭维也许是多余的,因为那些人不过是仇视平等而已。他们仇视进步,是因为他们和进步者一样,将

223 进步和平等混为一谈。而只有雅科托这个**平等论者**认识到,进步的表演化与机构化背弃了知性的历险与平等的伦理,公共教育葬送了解放。这样的认识,带来极致的孤立,而雅科托接受了这种孤立。他拒绝让解放性的平等用于任何教学式、进步式的转化。他准许学生们以"自然的方法"为名,隐去他的名字:欧洲没有哪个人敢于背负这个名字、这个痴妄者的名字。雅科托的名字,属于这种认识,它深感绝望而报以讥讽,因为它面对着进步的虚构埋葬了理性存在的互相平等。

全一学的故事

这个时候他所能做的,只有坚持他的异见。于是雅科托对事泾渭分明。对那些前来拜访的进步论者,他有一把"筛子"。当这些人围在他身边为平等的事业激动万分时,他只是淡然地说:人可以去教自己所不知的。可惜筛子的作用太过彻底,他的做法,就像用手指去拧紧总是松劲的发条。那些人一致说,他的提法

224 "不够好"。还有一伙他的追随者想为普遍教育法正名,反对某些教员将它以"自然"为名。雅科托面对这些人,有他自己的处理方式,保持平静。他将他们分为两类:一类追随者,是采用"雅科托教学法"的**教育者**或**讲解人**,他们期望将普遍教育法的学生导向智力解放;另一类追随者,是**解放者**,他们只按照解放的要求去教,或者什么也不教,只去解放一家之父,向他展示如何去教给孩子自己所不知的。当然,雅科托在两者之间并非完全没有偏袒:

他宁可要“一个无知的被解放者，仅此一人，也不要千万个受普遍教育法培养出的、却没有被解放的学者”①。不过，解放这个词本身也变得意义不清了。在吉拉丹的教育事业失败之后，德·塞普莱先生在他主办的期刊刊名中重新加上“解放”一词，还大量刊发国民中学学生的优秀作业。期刊挂靠了一家“普遍教育法推广协会”，但协会的副主席却高谈阔论称，教师必须具备资格，而穷人家的父亲不可能自行教育孩子。我们注意到雅科托与此不同。他也主持着一份期刊，虽因有恙在身，借助外力才能挺直头部②，但仍口授两个儿子编写。他将期刊题作《全一哲学月刊》③，而在同样的宗旨下，他的忠实追随者们还组建了一个“全一哲学学会”。这样的名号，并没有谁会横加征用。 225

我们知道这个名称的含义：智力的**每一个**展现中都有**整全**的人类智力。全一论者钟爱言论，如同狡黠的苏格拉底与天真的斐多，但又与柏拉图的人物不同，因为他认为演说家之间和言论之间没有层级。他所关心的与此相反，是去寻找它们互相之间的平等。他并不从言论中求真理。真理只能被感到，不能被说出。它可以规制言说者的言行，但不会在他的语句里展现自身。全一论者也不去评判各种言论是否合乎伦理。他所重视的伦理，存在于

---

①《智力解放月刊》，第三辑，1835—1836 年，276 页。

② 雅科托此时因患有痉挛性斜颈，头部总倒向一侧。在今天常见的一幅雅科托版画肖像里，他头上的绶带便是用作固定头部。——译注

③《全一哲学月刊》，即《智力解放月刊》。此月刊创办于 1829 年，于 1830 年七月革命时中断发行，并于 1835 年复刊，至 1842 年停刊。其合辑共六卷，其中仅有第五辑（1838 年）封面题作《全一哲学月刊》，并在下一行括号内标注“智力解放”字样。——译注

说和写的活动当中,它使人有意去作交流,去认识到别人是知性的主体、能够理解另一个知性主体对自己所说的话。全一论者关226 心所有的言论、所有的智力展现,这只为一个目的:检验它们运用了同样的智力,并且将它们彼此翻译,从而检验各智力皆平等。

这些说法,让时代的辩论有了新的角度。当时,人们正在激烈地加入智力的战场,争辩人民与其能力:德·拉梅内先生刚刚出版了《人民之书》;莱米尼耶先生,从前的圣西门主义者、《两世界评论》[1]的权威撰稿人,他批评前者的书前后矛盾。这时,乔治·桑[2]也举起旗号支持人民和人民主权。这些智力的展现被《全一哲学月刊》逐一作出分析,它们都想为某个政治阵营作出真理的见证,但这类事务只与公民有关,对这位全一论者无所意义。他对这纷杂的互相攻讦发生兴趣,是因为这些人各自运用**技艺**去表达**他们想说的**。他展示出,这些人不仅彼此翻译,也翻译了无数篇其他的诗、无数段其他人类心智的历险,从经典童话《蓝胡子》直到巴黎矛伯广场上无产阶级群体的抗议。对这项技艺的探究,并不是学者的爱好。它是一门哲学,是人民唯一能够运用的哲学。各种旧式的哲学,**说出**真理,宣讲伦理。它们认为学识丰227 富才能如此。而这门全一学,它不说出真理,也不宣扬任何伦理。它简单易用,就是每个人对自身各种知性历险的记录。“它是我们每个人的故事。……不论你的专职是什么,是牧民还是国王,

① 《两世界评论》月刊(*Revue des deux mondes*),曾对19世纪的知识群体有过重要影响并刊行至今。——译注

② 乔治·桑(George Sand, 1804—1876),19世纪法国重要作家,她虽为女性,却一直使用这个男性化的笔名。——译注

你都可以谈论人类心智。智力运作在所有职业里;它呈现在社会阶层的各个级别中。……父亲和儿子,即使彼此都是无知者,也可以彼此谈论全一学。”①

关于无产者,他们虽被正统社会和代议政治排除在外,但与那些有识者、有权者面临着同样的问题:他们与后者一样,只有**认识到**平等,才能成为完全意义上的人。平等不能被给予,不能被声张,它需要被实行,需要被**检验**。而无产者如果要检验平等,就必须承认他们与自身的拥护者和反对者有同等的智力。比如,1835 年 9 月的法令②压制了新闻自由,固然损害了他们的利益,但他们需要认识到,他们的维权者或反对者的推理,都无力保障或消灭自由。有些人表达的意见是:我希望人有这样的自由,可以去谈论任何他本应该自由谈论的事物。另一些人表达的意见是:我不希望人有这样的自由,能去谈论任何他不该自由谈论的事物。但关键的是,自由展现在别处:它在那平等的**技艺**中,让人们用这种技艺彼此翻译,去支持上述针锋相对的立场;它在那种**敬意**中,让人们通过互相比较,尊重在辩术的反理性中仍然运作着的知性力量;它在这样的**认识**中,让人们懂得言说的含义,不再坚信自己占有理性,不再坚持以他人生命为代价去讲出真理。而无产者最需要的,就是去掌握这门技艺,获得这种理性。他们在成为公民之前,先要成为人。“不论他作为公民在这场斗争中属

228

① 《法哲篇》,214 页。

② 1835 年 7 月,七月王朝的统治者路易-菲利普幸免遇刺,遂在 9 月颁布法令,令报刊不得丑化政治领袖和体制,以图遏制反对言论,但因限制了舆论自由引起激烈论战,由此颇失民心。——译注

于哪一派,他作为全一论者,就必须懂得欣赏论敌们的心智。一个无产者被排除在选民的阶级之外,他相对于候选者阶级,当然不必认为他所看到的篡权是公正的,也不必拥戴那些篡权者,但他仍然需要去钻研那些人用了怎样的技艺来向他解释他自身的权益遭受侵害。"①

我们只能继续指出这条不同寻常的道路,它要求人在每个句229子、每个行动中发现**平等的一面**。平等不是让我们去追求的目的,而是我们的起点,是我们要在任何情况下去坚持的**假设**。真理永远不会为平等发声。平等只存在于它所受的检验中,并且需要一直在各处受到检验。它不要求我们为它向人民演说,它只给我们一个或多个示例,让我们在言谈中向人展示。它的伦理,在于面对**挫折**,在于我们要与愿来共享它的人始终保持**距离**:"你去探寻真理,却不会找到,你叩响真理的门,却毫无应答,但这种**探寻**,将帮助你学会该做什么。……请你不要在那泉间饮水,然而,也请你不要停下为饮水而做的探寻。……请你和我们一道谱写这诗篇。愿全一哲学与世长存!它是一个故事家,有它永远讲不完的故事。它为想象力提供愉悦,却根本不在意真理。它只见到那蒙面的她,还透过了其上遮覆的层层装扮。它满足于见到那些面具和分析它们,并不为其后的面容而焦虑。而旧教师永不满足;他揭下一张面具,为此欢喜,但欢乐转瞬即逝,他很快发现刚揭下的面具之后还有一张,而这样的循环,将会耗尽所有真理的探寻者。人们揭开这些层叠的面具的过程,就叫作哲学史。啊,

① 《法哲篇》,293 页。

这历史多美妙！但我更钟爱全一学的那些故事。”① 230

解放的墓志铭

这段话，便是《全一哲学遗集》的结语。这本书由约瑟夫·雅科托的两个儿子——医生维克多和律师福蒂内在1841年出版，而创始人已在1840年8月7日辞世②。在拉雪兹神父公墓，他的墓碑上，追随者们刻下了智力解放的那句**信条**：“我相信上帝所造的人类心灵能够不靠教师而自我教育。”但这些话，显然在墓碑上也难以刻写留存。几个月后，铭文遭人破坏。

碑文受损的消息，刊登在《智力解放月刊》上。期刊主管权已经移交给维克多和福蒂内兄弟二人。但那独特的声音，难以有人接替，尤其因他多年以来从未停笔。在随后的刊物上，我们越来越多地看到德沃莱先生的报告。他是里昂法院的法官，记录了“圣道化身学院”的教学活动，而这所学校的主管人，就是我们曾经提到的路易·吉亚尔先生。他的治校原则，正是他在鲁汶参访所得：教育的基础，应该是“认识你自己”。所以，学校寄宿生们日 231
日检省自己那成长中的心灵，培养道德的力量，从而保证自己的

---

① 《遗集》（下段中《全一哲学遗集》亦即此《普遍教育法：遗集》），349－351页。

② 另一资料《葬礼记录》（*Compte rendu des obsèques de J. Jacotot*）记载雅科托逝于7月30日。——译注

知性学习得到成功。

有些固执的全一论者为此感到困惑,在1842年9月的期刊上质疑解放学说的如此应用。但这已经不是争辩的时候。两个月后,《智力解放月刊》也走向了沉寂。

创始人对此早有预见:普遍教育法**不会兴盛**。不过确实的是,他还补充道,它也不会消亡。

关键词索引[①]

---

① 本书中某些更常用的关键词,如"平等"(égalité)"理性"(raison)"能力"(capacité)等等,由于贯穿全书而频繁提及,所以未收录在此;索引中页码为页边码。——译注

译后记

这本书篇幅不长,却是颇受朗西埃读者欣赏的一本,相较其他专著有更普遍的意义。他的作品体例不拘一格,谈文学理念则深度抽象,谈政治理论则富于反讽,语气十分辛辣。因为这种批评态度,朗西埃在外国与本国都有一种叛逆者的形象。一生诤友巴迪乌应邀长谈他的思想时,也先开玩笑说道:即便我宣称在某些关键点上与他一致,他也会即刻对这几点改观,留我孤守在原地。① 当然除了玩笑,巴迪乌知道朗西埃的理论效力何在,不是为叛逆而叛逆,而后一点也反映在这本迟来的译著里。在这里,他不是没有自我立场地专事批评,而是真挚地建立了一个基础,理清几道主线,以此编排了之后各幕思想的演出。

这是因为这时,在20世纪80年代后期,他正处于思想历程的

---

① 阿兰·巴迪乌:《雅克·朗西埃的教诲:风暴过后的知识与权力》,收于《迁移的哲学》(研讨会会报),布雷斯堡:场外出版社(Alain Badiou, « Les leçons de Jacques Rancière. Savoir et pouvoir après la tempête », in *La Philosophie déplacée*, actes du colloque, Bourg en Bresse, Horlieu),2006 年,131 页。

关键时刻。之前 1968 年的风波,塑造了一代人的精神面貌。朗西埃虽不是筑造街垒的那种学生,但也不是书斋型的读书人。我们知道,他认为有用的研究,不是在巴黎高师的卧室里解读马克思文本。[①] 在 5 月过后的索邦校区,他遇到公共讨论,对这里学生与工人两种人的混合深有感触,[②]也更想知道工人自身所想,便放弃了关于费尔巴哈的博论选题,去研究工人运动。然而他背离了老师阿尔都塞立足"理论中的阶级斗争"的方法,不意味着问题会减少。1975 年,他与人共创季刊《逻辑反抗》献给工人研究,而封内文字在阐明立意之前接连十句设问,质疑各种研究取向。几年后他出版了自己的博论《无产阶级之夜》,接近工人的真实,反观思想的能与不能:它不能让工人把工作贡献给圣西门的理想,却能让他不限于自己的命运,研讨哲学,谱写诗歌。工人这方面的造诣或许不高,但"有那么多真正的诗人却写着三流的诗"[③],也有那么多哲学家,虽总被人用作理论的利剑,但手里的长矛却正对着风车。所以两年后,朗西埃在《哲人及其穷人》里极尽讽刺之能事,驳斥那些显赫的哲学家;又两年后,他将 19 世纪一名"工人哲学家"戈尼(Gauny)的文字整理发表。

矛盾仍在扩大,直到一个偶然。朗西埃沿着后一条线索,在

---

① 朗西埃:《这是怎样的时代?》(*En quel temps vivons-nous?*),巴黎:制作社(La Fabrique),2017 年,71-72 页。

② 朗西埃:《平等的方法》(*La Méthode de l'égalité*),蒙鲁日:巴亚尔出版社(Bayard),2012 年,33 页。

③ 朗西埃:《福楼拜与某种文学伦理》(访谈)(« Flaubert, une certaine éthique de la littérature »),《欧洲》评论,2018 年 9、10 月合刊,65 页。

一本旧书《19世纪平民诗人》里读到：一个底层出身的孩子，读完了母亲所能找到的几本书，但仍充满求知的渴望，于是母亲带他去见一位先生来指导他的学习，而这个人，正是当时已经知名的普遍教育法创始人雅科托。他问孩子想学什么，孩子说："一切"，他笑答："很好"，便给他一本法英双语的《帖雷马科历险记》，对他提了几点要求，告诉孩子母亲每周让他来交作业。我们可以想象，朗西埃所关心的不是这个孩子的天资或他将来的诗歌有多好，而是雅科托每周与他会面时都鼓励道："这个孩子将来能做到所有的事。"对于朗西埃，即使抛弃所有牢靠的理论也要认可工人能力的他，怎能不立刻产生一种共鸣，同感于这句话对一个家境贫寒的孩子的认可？他于是在几个月间埋头相关资料，探索这种认可背后的资源。我们知道，也只有他，能透过雅科托那近乎偏激的尖锐文字，认识到这其实是坚持，是坚守个人这最后的营垒。1987年，这段探索结成了《无知的教师》。可以说正是在这里，那矛盾转化为动力：理论与真实始终矛盾，但朗西埃终于跟研究对象建立了一种关系，这种关系就叫作"平等"。

时间证明，这座营垒是坚实的，屹立于时代的潮流中。尽管智力解放的呼声无以抗衡普及的公共教育，工人运动也不再是人们普遍的关切，但有一家意大利出版社在2019年3月译介了雅科托的《母语篇》，而这本《无知的教师》在法国书店里也已是2019年的重印版，同时见于哲学、时政或艺术理论书架。它也象征着作者跨学科的影响力：在2005年瑟里西的朗西埃研讨会上，参与者来自众多人文学科以及17个国家。然而，我们不妨重提本书的警句："普遍教育法不会兴盛"，而它的践行者不会免于争议：在读写积淀深厚的法国，某些享誉学界的学者却也会一知半解便加非议。不过对此，朗西埃概括为：他们大部分人是因为我说了什么就指责我为什么要说，或是因为我没说什么就指责我为什么没说。[①] 所以，这些与他的思想关系不大。更值得一提的是，这本书的命运反映出思想与时代的一种联系，让思想的效力见于距离。在作者写作此书的20世纪80年代，媒体关注本国高考参加率远低于某些发达国家，检讨精英教育传统与当代大众社会的矛盾，但雅科托的读者知道，思考如何改良公共教育只有社会意义，而若想改变秩序，就要知道这种改变“从原则上是非现时的，它只能从非现时的思想中得到营养”。虽然这种思想在某些人看来“全无效用”，因为他们只在“新近的科技转型、过去的金融危机中解读未来的可能性，但那可以争取到的未来，只能是现时的断层。而历史上已经有过这一系列的断层、这种非现时性。其中，因与果以及过去与现在的各种联系不再有效；人们各自的经验互相滋养，并在保持彼此距离的同时，织造出另一片可能的地带”[②]。

这“另一片地带”，当然不必是实际的领地。借此书中的比喻，它可以是那片森林，由各种字符组成。而朗西埃独特的出发点，与雅科托相同，就是认识到字词是任意的，毕竟他们都见证过同一个词在不同场合可以讲相反的话。总之，字词的森林中视野是有限的，但这不是普遍派的障碍，我们相信其中有路径，也能走出自己的路径。而且，这也是思想的基本路径，是它必须面对的

---

① 朗西埃：《这是怎样的时代?》，68－69页。

② 朗西埃：巴朗什《第一次平民撤离运动》序言（Préface à Ballanche, *Première sécession de la plèbe*），雷恩：蓬塞克出版社（Pontcerq），2017年，23页。

抵抗，也是它的力量之源：一种思想的强大在于它所受的抵抗。[①]因为我们所论的“对象不是预先构造出的，而是随着实际工作得以定义”[②]。如果只是深化概念，就没有字词的历程，也没有激励与回响。这尤其体现在本书四、五章，我们不能只面对某些给我们带来“可能”的方案，而要看到它的思想在现实中遇到什么抵抗、造成哪些偏离，这远胜于将字词附着于固定的标签、旗号或体系。反之，一种思想的最大的不幸，就在于它不受任何抵抗，[③]因为这种思想相信它的视野始终开阔。朗西埃在别处提到一个典型，他就是在大革命后出生的托克维尔，曾经与雅科托生活在同一个时代。他在美国见到了“更好”的民主，把美国比作“一大片森林，其中无数条笔直的路都通向一处。我们只要走到中心的环岛，就能对一切一览无余”[④]。然而这种视野只能无视民主本身所含的冲突，因为“民主是一种事物的状态，它让谁也无法确信自身所见，因为它让谁都不处于自己的位置。”因此托克维尔所向往的与其是民主，更是一种乌托邦，而这乌托邦不是美国，更是梦想见到“事物和人们对等于其概念”[⑤]。对这轻易的梦想，探寻者应予

---

① 朗西埃：《再版序言》，《哲人与其穷人》(*Le Philosophe et ses pauvres*)，巴黎：弗拉马利翁出版社，2007 年，14 页。

② 朗西埃：《这是怎样的时代?》，69 页。

③ 朗西埃：《平等的方法》，96 页。

④ 托克维尔：《1835 年 8 月致莫莱伯爵书》，引自朗西埃：《新世界的发现：旅行的政治与空间的比喻》，收于《旅行者的故事》(研讨会会报)，伦敦：劳特里奇出版社(« Discovering New Worlds. Politics of Travel and Metaphors of Space », in *Travellers' Tales*, London: Routledge)，1994 年，32–33 页。

⑤ 朗西埃：《新世界的发现》，前引书，33 页。

摒弃。我们在旅程中没有环岛,更无法搬来一个置于不同环境,但这恰是出发的理由,让我们走出概念的乌托邦,而《无知的教师》便是如此一段历程的记录。

回到翻译上,本书不比作者的其他著作艰深,但也给了翻译工作一些难点和经验。朗西埃的写作,向来说理清楚,也不失文笔优美,这也带来两个难点:要清晰还原各处逻辑转换,也不能简单套用概念性的语言。关于前者,西方文字单词自带间隔,并以冠词或连接词锁定语句中的联系,而换作中文,就可以用标点给绵密的汉字制造间隔,并适当转换语序,让逻辑链同样舒展、自然。关于后者,西方语言的词汇,以词根为基础,可作丰富的词性、构词变化并保持清晰而分明,而中文的双字组词法灵活而多义,因此本书中虽然没有任何新词汇,但所用的基本概念往往在中文里可有多个对应,所以对每一个关键词,都需要在把握整体之后选用最贴切的译法,尽量维系概念的区别与照应。另外,这本书的另一个特点,也是朗西埃常用的写法,便是不分作者的话和转述的话,即使转述反面论调以为驳斥,有时也不加引号标示。因为作者有意为之,这一点也在翻译中保留了,相信读者不难读出各种意见的不同立场,并且不至于误会为作者的立场。至于作者本意如何,他说与雅科托一样,"我要教给你们的就是,我没有什么可以教给你们" ①。书里的话有什么意义,其实取决于读者。

这本译作的开端,是几年前一个读者对原著中简明有力的公式的摘抄。后因一次偶然,译者巧遇在西安高校任教的吕国庆老师,始有这次出版机缘。丛书主编陈越老师选书兼收并蓄,细致

---

① 朗西埃:《这是怎样的时代?》,70-71 页;另见本书第 19 页。

关切具体工作；编辑任洁女士更以丰富的经验与完备的流程保证了译文质量；此外，作者朗西埃先生为中文版热心改定序言并解释几处细节。译者借此谨向他们与其他审阅、制作人士一并致以诚挚的谢意。但凡疏漏皆出译者，敬请批评教正。

赵子龙

于巴黎拉普拉斯街

2019 年 12 月

著作权合同登记号:陕版出图字 25-2016-0242

图书在版编目(CIP)数据

无知的教师:智力解放五讲 / (法)雅克・朗西埃著; 赵子龙译. --西安: 西北大学出版社,2020.1(2024.11 重印)

ISBN 978-7-5604-4490-1

I. ①无… II. ①雅… ②赵… III. ①哲学思想-法国-现代 IV. ①B565.6

中国版本图书馆 CIP 数据核字(2020)第 016087 号

无知的教师:智力解放五讲

[法]雅克・朗西埃 著

赵子龙 译

出版发行: 西北大学出版社

地　　址: 西安市太白北路 229 号

邮　　编: 710069

电　　话: 029-88302590

经　　销: 全国新华书店

印　　装: 陕西博文印务有限责任公司

开　　本: 889 毫米 ×1194 毫米　1/32

印　　张: 6.625

字　　数: 140 千

版　　次: 2020 年 1 月第 1 版　2024 年 11 月第 6 次印刷

书　　号: ISBN 978-7-5604-4490-1

定　　价: 52.00 元

本版图书如有印装质量问题,请拨打电话 029-88302966 予以调换。

Re **精神译丛**（加*者为已出品种）

第一辑

*从莱布尼茨出发的逻辑学的形而上学始基　海德格尔
*德国观念论与当前哲学的困境　海德格尔
*正常与病态　康吉莱姆
*孟德斯鸠：政治与历史　阿尔都塞
*论再生产　阿尔都塞
*斯宾诺莎与政治　巴利巴尔
*词语的肉身：书写的政治　朗西埃
*歧义：政治与哲学　朗西埃
*例外状态　阿甘本
*来临中的共同体　阿甘本

第二辑

*海德格尔——贫困时代的思想家　洛维特
*政治与历史：从马基雅维利到马克思　阿尔都塞
*怎么办?　阿尔都塞
*赠予死亡　德里达
*恶的透明性：关于诸多极端现象的随笔　鲍德里亚
*权利的时代　博比奥
*民主的未来　博比奥
帝国与民族：1985—2005年重要作品　查特吉
*政治社会的世系：后殖民民主研究　查特吉
*民族与美学　柄谷行人

第三辑

*哲学史：从托马斯·阿奎那到康德	海德格尔
布莱希特论集	本雅明
*论拉辛	巴尔特
马基雅维利的孤独	阿尔都塞
写给非哲学家的哲学入门	阿尔都塞
*康德的批判哲学	德勒兹
*无知的教师：智力解放五讲	朗西埃
*野蛮的反常：巴鲁赫·斯宾诺莎那里的权力与力量	奈格里
*狄俄尼索斯的劳动：对国家—形式的批判	哈特 奈格里
免疫体：对生命的保护与否定	埃斯波西托

第四辑

*古代哲学的基本概念	海德格尔
黑格尔《精神现象学》的发生与结构（上卷）	伊波利特
卢梭三讲	阿尔都塞
*野兽与主权者（第一卷）	德里达
*野兽与主权者（第二卷）	德里达
*黑格尔或斯宾诺莎	马舍雷
第三人称：生命政治与非人哲学	埃斯波西托
二：政治神学机制与思想的位置	埃斯波西托
领导权与社会主义战略：走向激进的民主政治	拉克劳 穆夫
德勒兹：哲学学徒期	哈特

第五辑

*基督教的绝对性与宗教史	特洛尔奇
黑格尔《精神现象学》的发生与结构（下卷）	伊波利特
哲学与政治文集（第一卷）	阿尔都塞
*疯癫，语言，文学	福柯
*与斯宾诺莎同行：斯宾诺莎主义学说及其历史研究	马舍雷
事物的自然：斯宾诺莎《伦理学》第一部分导读	马舍雷
*感性生活：斯宾诺莎《伦理学》第三部分导读	马舍雷
拉帕里斯的真理：语言学、符号学与哲学	佩舍
速度与政治：论竞速学	维利里奥
《狱中札记》新选	葛兰西

第六辑

生命科学史中的意识形态与合理性	康吉莱姆
哲学与政治文集（第二卷）	阿尔都塞
心灵的现实性：斯宾诺莎《伦理学》第二部分导读	马舍雷
人的状况：斯宾诺莎《伦理学》第四部分导读	马舍雷
帕斯卡尔和波-罗亚尔	马兰
非哲学原理	拉吕埃勒
*连线大脑里的黑格尔	齐泽克
性与失败的绝对	齐泽克
*探究（一）	柄谷行人
*探究（二）	柄谷行人

第七辑

论批判理论：霍克海默文集（一）	霍克海默
*美学与政治	阿多诺 本雅明等
现象学导论	德桑第
历史论集	阿尔都塞
斯宾诺莎哲学中的个体与共同体	马特龙
解放之途：斯宾诺莎《伦理学》第五部分导读	马舍雷
黑格尔与卡尔・施米特：在思辨与实证之间的政治	科维纲
十九世纪爱尔兰的学者和反叛者	伊格尔顿
炼狱中的哈姆雷特	格林布拉特
活力物质："物"的政治生态学	本内特

第八辑

论哲学史：霍克海默文集（二）	霍克海默
哲学和科学家的自发哲学（1967）	阿尔都塞
模型的概念	巴迪乌
文学生产理论	马舍雷
马克思1845：《关于费尔巴哈的提纲》解读	马舍雷
艺术的历程・遥远的自由：论契诃夫	朗西埃
第一哲学，最后的哲学：形而上学与科学之间的西方知识	阿甘本
潜能政治学：意大利当代思想	维尔诺 哈特（编）
谢林之后的诸自然哲学	格兰特
摹仿，表现，构成：阿多诺《美学理论》研讨班	詹姆逊